金榜题名

以梦为马　不负韶华

太学问道 / 编著

人民邮电出版社

北　京

图书在版编目（CIP）数据

金榜题名：以梦为马　不负韶华 / 太学问道编著.

北京 : 人民邮电出版社，2025. -- ISBN 978-7-115
-67184-4

Ⅰ. G529-49

中国国家版本馆 CIP 数据核字第 2025V1J322 号

内 容 提 要

　　本书是一部全面展现中国科举文化与教育成就的著作，共分三章。第一章"华夏状元谱"详细介绍了历史上众多状元的故事，从孙伏伽到文天祥，从父子状元到状元皇帝，生动呈现了他们的生平与成就，展现了科举制度下的人才选拔与个人奋斗。第二章"神州学府录"聚焦中国近现代高等教育，详细剖析了北京大学、清华大学、复旦大学等知名高校的历史沿革、办学特色与学术成就，反映了中国高等教育的辉煌历程。第三章"蟾宫青云志"则从文化寓意角度，解读了"金榜题名""蟾宫折桂"等科举成语，展现了科举文化在中国传统文化中的重要地位。

　　本书兼具知识性、故事性和启发性，既可作为青少年励志读物，也可作为教育研究参考，同时满足大众读者对历史文化的兴趣爱好需求。无论是为了学习、研究，还是纯粹的文化探索，都能从中获益。

◆ 编　　著　太学问道
　　责任编辑　苏　萌
　　责任印制　马振武

◆ 人民邮电出版社出版发行　　北京市丰台区成寿寺路 11 号
　　邮编　100164　　电子邮件　315@ptpress.com.cn
　　网址　https://www.ptpress.com.cn
　　北京盛通印刷股份有限公司印刷

◆ 开本　889×1194 1/20
　　印张　8.6　　　　　　　　　　2025 年 5 月第 1 版
　　字数　151 千字　　　　　　　　2025 年 5 月北京第 1 次印刷

定价：228.00 元

读者服务热线：(010) 53913866　印装质量热线：(010) 81055316
反盗版热线：(010) 81055315

　　中国自古以来便有崇尚文化、学以致仕的传统，科举制度作为中国古代选拔人才的核心机制，深刻影响了中国的政治、文化和社会结构。状元，作为科举制度的最高称号，不仅是个人才华的象征，更是家族乃至地域的荣耀。从唐朝的柳公权到宋朝的文天祥，从明朝的杨慎到清朝的翁同龢，这些状元不仅在科举考试中脱颖而出，更在历史的长河中留下了不可磨灭的印记。他们的故事，既是个人奋斗的传奇，也是时代精神的缩影。随着时代的变迁，科举制度早已淡出历史舞台，取而代之的是现代高等教育体系。从"985""211"工程到"双一流"建设，中国的高等教育在短短数十年间取得了举世瞩目的成就。这些高校不仅是学术研究的殿堂，更是培养未来领袖和创新人才的摇篮。它们承载着国家的期望，肩负着推动社会进步的重任。与此同时，"鲤鱼跃龙门"这一古老的文化符号，也在新时代被赋予了新的内涵。它不仅是古代学子通过科举考试改变命运的象征，更是现代人通过教育实现梦想的精神图腾。

　　在这样的背景下，本书以"华夏状元谱""神州学府录"和"蟾宫青云志"为线索，将历史、现实与文化紧密结合，展现中华民族对知识与人才的追求如何在不同的时代背景下延续与升华。通过对历史的回顾、对现实的梳理以及对文化的解读，本书力图揭示一个深刻的主题：无论时代如何变迁，知识与努力始终是改变命运、实现梦想的关键。这一主题不仅具有历史意义，更具有现实价值，能够激励当代读者在新时代的浪潮中，勇敢追求梦想，书写属于自己的辉煌篇章。

本书分为三章：第一章"华夏状元谱"聚焦古代科举中的部分状元人物，展现他们的传奇故事与历史贡献；第二章"神州学府录"介绍部分中国知名高校，展现其学术成就与全球影响力；第三章"蟾宫青云志"以传统文化中的成功象征为主题，传递积极向上的人生态度与对卓越的追求。

此外，中国邮政曾多次发行以高等学府为主题的邮票，如《北京大学建校一百周年》《清华大学建校一百周年》等，这些邮票不仅是对高等学府的致敬，更是对中国高等教育发展历程的生动记录。它们以方寸精微的艺术形式，展现了高校的历史底蕴、学术精神与文化传承，成为连接历史与现实的桥梁。本书附赠的"上上签"收录了多枚官方发行的纪念邮票。

教育兴则国家兴，教育强则国家强。高等教育，更是被视为一个国家发展水平和发展潜力的重要标志。早在新中国成立之初，我国就开始有计划地建设重点大学。经过多年发展，我国已建立世界上最大规模的高等教育体系，一批重点建设高校的综合实力和国际影响力显著提高。与此同时，我国建设高水平大学的重要性也进一步凸显出来。

本书通过历史、现实与文化的交织，展现了中华民族千百年来对知识与人才的追求，传递出一种跨越时空的精神力量。它不仅是对过去的回顾，更是对未来的展望，激励读者在新时代的背景下，勇敢追求梦想，为实现个人与国家的共同进步贡献力量。本书第二章"神州学府录"特别收录了23所已经发行过邮票的高校信息（以名字拼音首字母排序）。这些高校邮票由中国邮政官方发行，通常仅在高校重要校庆等节点限量发行。每一枚邮票都以方寸之间的艺术形式，生动展现了高校的历史底蕴、学术精神与文化传承，成为连接历史与现实的桥梁。这些邮票不仅是对中国高等教育发展历程的珍贵记录，更具有深刻的纪念意义。需要说明的是，本书收录的中国高校信息，包括办学规模、学科特色、科研成就等数据，均截至2024年年底。最后，希望本书能为读者带来启发与思考，助力每一位追梦者在知识的海洋中扬帆远航，书写属于自己的辉煌篇章。

太学问道

第一章

华夏状元谱

第二章

神州学府录 `057`

目 录 二

第三章

蟾宫青云志 151

金榜题名

以梦为马
不负韶华

第一章

华夏状元谱

孙伏伽

历史上记载完备、有据可查的第一位状元

孙伏伽，唐高祖武德五年（622 年）状元，贝州武城（今河北省衡水市故城县，一说今山东省德州市武城县）人。孙伏伽是唐朝的状元，亦是隋朝的进士，他在隋朝时就参加过科举考试，并取得了不错的成绩。

在我国古代科举制度中，通过最后一级考试（殿试）的人被称为"进士"，也被称为"殿试及第"，意思是可以进授官位之人。科举制度虽创始于隋朝，但隋朝的科举制度并非只选拔进士，当时除了设有进士科，还设有明经科等科目，并且尚未设立三甲考试，也没有进行状元、榜眼和探花等排名。

孙伏伽在隋朝期间，主要是在地方担任低级的官吏，官职最高时当过万年县的法曹——相当于今天的县级司法部门负责人。正是因为这些基层工作经历，使得孙伏伽对隋亡唐兴有了自己的一番见解；也正是因为这些见解，使得唐高祖和唐太宗都对他青睐有加。《旧唐书》《新唐书》都记载了孙伏伽"进谏三策"的故事。

　　唐高祖统一天下后，孙伏伽总结隋朝灭亡的经验教训，向唐高祖进献了三条计策。一是"天子有诤臣，虽无道不失其天下"。如果天子身边有敢于进谏的能臣，就算天子无道，也不至于丢失天下。孙伏伽认为隋朝灭亡的原因之一是"不闻其过"。因此他劝告唐高祖要虚怀纳谏，"开不讳之路"，选贤任能，励精图治。二是"百戏、散乐，本非正声"。隋炀帝贪图安逸享乐，以至于上行下效，官场也淫靡之风四起。因此，孙伏伽劝告唐高祖不要沉迷于声色犬马，要纠正社会风气。三是"性相近，习相远"。孙伏伽认为隋朝灭亡的另一个原因是皇帝身边的人乱国，因此他劝告唐高祖要慎重挑选"皇太子及诸王"身边的人，防止身边的人误国坏事。唐高祖听了孙伏伽这三条建议后触动非常深，不仅赏赐了他300匹帛，还升了他的官。

　　孙伏伽在被任命为治书侍御史前就知道了他会升官的这个消息，但是他并没有告诉家人，表现得也很平静。不久，御史亲自上门宣读诏书，家人才知道孙伏伽升职了，都很高兴，但是他本人还是面无表情。经此一事，人们都很佩服他的沉稳，把他比作三国时期东吴的丞相顾雍。

王维

诗画成就最高的状元

王维，唐玄宗开元九年（721年）状元，河东蒲州（今山西省永济市）人，祖籍山西祁县。王维堪称古代文艺领域的全才，他不仅参禅悟理、学庄信道，诗书画乐也是样样精通。

王维素有"诗佛"之称，他与孟浩然都是盛唐山水田园诗派的重要代表人物，合称"王孟"。王维还一手开创了水墨山水画派，开启了文人画传统，被后人推为"南宗山水画之祖"。对王维诗画最高的评价来自苏轼，他在《东坡题跋·书摩诘〈蓝田烟雨图〉》中写道："味摩诘之诗，诗中有画；观摩诘之画，画中有诗。"苏轼在《王维吴道子画》一诗的最后一句写道："又于维也敛衽无间言。"意思是，我对王维佩服得无话可说。王维亦善音律。李肇的《唐国史补》中记载了这样一件趣事：有人在机缘巧合之下得到了一幅《奏乐图》，王维细看之后就笑了。那人问王维为何发笑，王维回答："画中之人演奏的是《霓裳羽衣曲》的第三叠第一拍。"后来有人召集乐工来验证，果然分毫不差。

唐朝诗人如繁星般璀璨，照耀着华夏文坛，但像王维这样在诗歌和科举都能登峰造极者，却寥若晨星。相传，王维能中状元和当时盛行的"行卷"之风密不可分。行卷是古代科举考试时一种重要的习俗，是指举子们在科举考试前，将自己平日所作的诗文编辑成卷轴，呈送给有地位或影响力的人，以期获得推荐或赏识，从而增加及第的可能性。元朝辛文房的《唐才子传》引薛用弱的《集异记》就据此演绎了一段王维的奇闻轶事。王维本对高中状元志在必得，但还有强力竞争者，岐王李范（唐玄宗之弟）与王维交好，愿意将其引荐给更具影响力的玉真公主（唐玄宗之妹），但要王维准备好两件东西：清新隽永的诗作十首和自作琵琶曲一首。

引荐之日，李范向玉真公主介绍王维："此人是个知音。"王维便弹奏了自己的新作《郁轮袍》，玉真公主以及在场众人无不动容。李范进一步介绍："此人不仅善于音律，诗词歌赋也是独步当世。"王维立即献上诗卷，玉真公主读罢震惊道："这些都是我平时吟诵的诗篇，原以为是古人的佳作，没想到竟然是你写的！"当玉真公主得知王维竟是来京赴考的举子时，便说："此等才华横溢之士不登榜首，更待何人？"王维由此名声大噪并高中状元。

崔元翰

历史上首个『连中三元』的学子·

崔元翰，唐德宗建中二年（781 年）状元，博陵安平（今河北省衡水市安平县）人。在我国古代科举制度中，乡试（发解试）的第一名被称为"解元"，会试（省试）的第一名被称为"会元（省元）"，殿试的第一名被称为"状元"，合称"三元"。"连中三元"，意为在连续的乡试、会试、殿试中均考中第一名，崔元翰就是第一个获此殊荣者。

状元及第后，"超级学霸"崔元翰又参加了博学宏词科、贤良方正科、直言极谏科的考试，成绩均为第一，一时间海内震惊、名动天下。就连当时的主考官都感叹说："这个崔元翰可了不得，15 年内，他一定能掌管诏令。"主考官阅人无数，这次也没有看走眼。崔元翰在唐德宗贞元七年（791 年）进入翰林院做了有撰写诏敕之责的知制诰。这个职位可不一般，相当于皇帝的第一大秘书，用现在的话来说就是大唐的"第一笔杆子"，专门为皇帝起草诏书文告。他起草的文告可不是普通的文告，而是"内制"，也就是处理国家重大事件的文书，内容都是提拔、罢免宰相，出征讨伐，立储、立后，废储、废后等事宜。由此可见，崔元翰的文笔有多么厉害，其地位有多么重要。

崔元翰出身的博陵崔氏，是我国古代著名的世家大族，人才荟萃、名人辈出，在有唐一朝担任过宰相的就有 16 位。在唐朝，博陵崔氏、清河崔氏、范阳卢氏、赵郡李氏、陇西李氏、荥阳郑氏并称为"四姓"（崔卢李郑），还有"五姓"的说法，即加上太原王氏，他们也被称为"五姓七望"，受天下尊崇，其声望甚至一度超过了李姓皇族。宋朝王谠的《唐语林校证》记载，唐朝社会皆以与"五姓"通婚为荣。唐高宗时的宰相薛元超，也是名门之后，却仍将未娶到"五姓"女子列为"人生三大遗憾"（元超三恨）之一。"五姓七望"的族人自视甚高，即便面对李姓皇族，在某些方面也未全然将其威望置于绝对尊崇的地位。《新唐书》《洪范羽翼》等书均有记载，为了维护皇室的尊严和荣耀，从唐太宗到唐玄宗期间，统治者曾多次修撰《氏族志》，并颁布禁婚诏，诏令上榜的士族"不得自为婚"，想通过行政的力量强行排布士族名次，打击"五姓七望"的社会影响力。怎奈门第观念由来已久，在短时间内很难打破和逾越。

黎逢

遇伯乐破格登科的状元

黎逢，唐代宗大历十二年（777 年）状元，当年科举考试的主考官是常衮。

常衮，唐玄宗天宝十四载（755 年）状元，也是安史之乱前夜的状元。

常衮为当时的京兆（今陕西省西安市）人，是第一个被贬为潮州刺史的状元宰相，也是"八闽教育开拓者"之一。那时的潮州还属于"蛮荒未化"之地，礼仪文化相对落后。韩愈在《左迁至蓝关示侄孙湘》中这样写道："一封朝奏九重天，夕贬潮阳路八千。欲为圣明除弊事，肯将衰朽惜残年！云横秦岭家何在？雪拥蓝关马不前。知汝远来应有意，好收吾骨瘴江边。"人还没到呢，韩愈就已经做好客死远乡的准备了。

常衮到潮州后，第一件事便是开办乡校，借此传播礼仪文化、培养优秀人才。他亲自讲授诗书，也因此成为潮州文化教育的奠基者。潮州有个牌坊街，牌坊街有个十相留声坊，十相留声坊铭刻的第一个名字就是常衮。

几乎每年我们都能看到高考考生迟到的新闻，

其实古代也有迟到的考生，唐朝黎逢就是其中的典型代表。据王定保《唐摭言》记载，777 年，科举考试已经开始了，身为主考官的常衮接到一条消息：有一个学子迟到了，无论如何他都不肯离去，非要参加考试。这个迟到的学子便是黎逢。常衮一听，便叫人带黎逢进来。此时黎逢满头大汗，却仍泰然自若地作了个揖说："大人，如果您能让我参加这次科举考试，这个佳话一定会让您青史留名的。"常衮心中震动，又见他谈吐不凡，便破例让他参加考试，但只让他在门外的廊下作答。那一年的试题是《通天台赋》，以"洪台独存，浮景在下"为韵。常衮交代一名监考说："黎逢写一句，你就报给我一句。"过了一会儿，监考回报道："行人徘徊，登秦原而游目。"常衮摇了摇头道："这个开头却是稀松平常。"又过了一会儿，监考回报道："见汉右之荒台，清风穆其尚在，翠华归而不回。"常衮点了点头道："这句倒是不错，渐入佳境。"再过了一会儿，监考回报道："对古情至，临高思来，拔蔓草以遐想，睹离宫而兴衰。"常衮连连点头道："写得太好了，他不当状元谁当状元。"最后，黎逢真的成了状元。

杨凭、杨凝与尹枢、尹极

兄弟状元

杨凭，唐代宗大历九年（774 年）状元，虢州弘农（今河南省灵宝市）人。他的弟弟杨凝，大历十三年（778 年）状元。杨凭还有一个弟弟，叫杨凌，虽然他没有考中状元，但也于大历十一年（776 年）进士及第。杨家兄弟三人，在大历年间接连登第，声名显赫，时号"三杨"。杨凭也是诗人，虽然诗名不显，但是他和当时的很多著名诗人都有交集。比如，在他被贬为临贺尉时，张籍曾为他作《伤歌行》。再有甚者，大名鼎鼎的柳宗元是他的女婿。

弘农杨氏，是我国古代著名的高门士族，人才济济、俊彦星驰，有很多我们耳熟能详的人物，比如西汉司马迁的女婿杨敞，三国时期的杨修，东汉时期提出"天知、神知、我知、子知"的"四知先生"杨震，杨震之父、成语"结草衔环"中"衔环"的主人公杨宝，唐朝杨贵妃杨玉环等。

尹枢，唐德宗贞元七年（791 年）状元，阆州（今四川省阆中市）人。他的弟弟尹极，唐宪宗元和八年（813 年）状元，兄弟二人时称"梧桐双凤"。

尹枢还是历史上唯一一位"自放"的状元。唐末五代王定保的《唐摭言》中就记载了尹枢"自放状头"（古代科举头名即为状头）的故事。

尹枢参加会试时，主考官是宰相杜黄裳，他秉持公正之心为国选材。按例，诗、赋、策论三场考试结束后，考生们要到贡院参拜主考官并接受主考官的训话，是为"庭参"。在791年的"庭参"上，初次担任主考官的杜黄裳独辟蹊径，想借机考查一下考生们的应变能力，便对大家说道："在座皆是饱学之士、一时俊杰，怎么就没有人能帮我一把呢？"考生们面面相觑，不知道主考官所言何意。这时，年过70的尹枢挺身而出，问道："不知主考官大人有何吩咐？"杜黄裳说道："未有榜帖。"尹枢明白了这是主考官希望举子自荐，于是说道："枢不才。"杜黄裳非常高兴，便将纸笔交予尹枢。尹枢很快就完成了榜单，而且他每写下一个名字，便当场大声宣读出来。自始至终，全场肃然，所有人都叹服其公正。当尹枢将进士名单跪呈杜黄裳时，杜黄裳一看，榜眼、探花都有了，唯独还没有状元，便问道："状元写谁好呢？"尹枢信心十足地答道："状元非老夫不可！"杜黄裳听后大为惊奇其胆识，沉思良久，亲笔将尹枢之名写入榜单，并推荐其为状元。

徐晦与许将

福建历史上的第一位状元与福州历史上的第一位状元

徐晦，唐德宗贞元十八年（802年）状元，福建省晋江市安海镇人，是唐朝乃至科举制度创立以来的首位福建籍状元。

徐晦虽然是福建人，但是他和山东也有着千丝万缕的联系。山东省临沂市沂南县有个村子叫徐公店，以盛产鲁砚名品"徐公砚"而闻名。关于"徐公砚"，《福建省江徐仓地名渊源考》记载，唐朝有个姓徐的书生，自南方而来，进京赶考，路过该村。在村外的山沟里，这位徐姓书生发现了一些美石。古代的文人，除了"咬文嚼字""舞文弄墨"，对金石玉器也多有涉猎。比如我们所熟知的李清照和她的丈夫赵明诚，都是著名的金石学家。这位徐姓书生也是如此，他对这里的美石并没有停留在欣赏把玩的阶段，而是进一步将其打磨成一方砚台。这方砚台不仅质地细腻、色泽温润，还很实用，十分趁手。于是，这位徐姓书生便将这方砚台一路带到了京城的考场上。神奇的是，这方砚台带给了这位徐姓书生特别的灵感，让他"笔落惊风雨，诗成泣鬼神"，从而一举夺魁。传说这位徐姓书生就是徐晦，那个村子也因此改名为徐公店。

许将，宋仁宗嘉祐八年（1063 年）状元，福州闽县（今福建省福州市闽侯县）坂东镇文定村人。他的父亲许士安是宋英宗治平四年（1067 年）状元，他的弟弟许恒是宋神宗熙宁三年（1070 年）状元，所以时人称"一门三状元"，并将他们后来居住的地方叫"状元境"，一直沿用至今。

许将写得一手好文章，尤其是他的赋，更是得到了欧阳修的称赞："君词气似沂公，未可量也！"意思是许将的文风很像沂公王曾，前途不可限量。王曾是宋真宗朝的状元，也是宋朝历史上有名的宰相。

北宋的新旧党争是历史上的著名事件，尤其是到了后期，两方人士更是势同水火。据明朝《史纲评要》记载，1094 年，章惇担任宰相，准备掘昔日的政敌、旧党的代表人物司马光的墓，更是拿出汉唐故事，提议大行杀戮。宋哲宗就问许将的意见，许将则说："汉唐虽有此事，但本朝尚未有此举，所以治道超过汉唐。"宋哲宗这才作罢，司马光的墓也因此而保全。

柳公权

书法成就最高的状元

柳公权，唐宪宗元和三年（808 年）状元，当时京兆华原（今陕西省铜川市耀州区）人。柳公权一家子都是名人，他的祖父是邠州士曹参军柳正礼，他的父亲是丹州刺史柳子温，他的哥哥是兵部尚书柳公绰。柳公权出身的河东柳氏当时非常有名，是我国古代名门望族之一，唐宋八大家之一的柳宗元即出自河东柳氏，所以人们也称他为柳河东。古人常以籍贯称呼他人，所以我们会经常看到这些陌生而又熟悉的名字：韩昌黎（韩愈）、孟襄阳（孟浩然）、顾亭林（顾炎武）等。

柳公权是楷书书体的总结者和创新家，自创独树一帜的"柳体"楷书。他的字以骨力劲健见长，与颜真卿齐名，人称"颜柳"，后世更有"颜筋柳骨"的美誉。柳公权又与欧阳询、颜真卿、赵孟頫并称"楷书四大家"。

我们都知道曹植"七步成诗"的典故，柳公权身上也有一个类似典故："三步成诗"。这个故事综合参考《旧唐书》《新唐书》《全唐诗》。

开成三年（838 年）的一天，唐文宗正在聚精会神地读着边关送来的奏报。奏报上说，皇上赏赐给边关将士们的御寒棉衣已经全部送到并下发了。拿到棉衣后，边关将士们高呼万岁，军队士气高涨。唐文宗心满意足，抬头一看，正好看见了站在大殿上的柳公权。唐文宗此时心情大好，便想逗一逗柳公权。于是，唐文宗走到柳公权面前，笑着道："柳少师，你的书法独步天下，尽人皆知；但是你的诗才，却很少有人知道。朕这里正好有个题目，不知柳少师可否愿意一展才华，赋诗一首？"因为柳公权时任太子少师，所以唐文宗叫他柳少师。柳公权胸有成竹地道："陛下有如此雅兴，老臣当然愿意，请陛下出题。"唐文宗道："就以送衣一事为题，赋五言律诗一首。"柳公权听罢，只向前走了三步，便作出一首《应制贺边军支春衣》："去岁虽无战，今年未得归。皇恩何以报，春日得春衣。挟纩非真纩，分衣是假衣。从今貔武士，不惮戍金微。"唐文宗反复吟诵、细细品味，越吟诵越喜欢，越品味越高兴，最后他深深地感叹道："当年曹子建七步成诗，传为千古佳话。今日柳少师三步成诗，可以说是更胜一筹啊！"

郑颢

历史上唯一可考的驸马状元

郑颢，唐武宗会昌二年（842年）状元，郑州荥阳（今河南省郑州市荥阳市）人。荥阳郑氏，是我国古代著名的豪门大族，人才辈出、卧虎藏龙，光是有唐一朝就出了12位宰相。

值得一提的是，历史上唯一一位文武双科状元——郑冠，也是出自荥阳郑氏。郑冠，唐穆宗长庆三年（823年）文科状元，唐文宗太和二年（828年）武举状元。可惜的是，关于郑冠生平的历史资料非常少，只知道他长于书法，《济亭记》为其所撰写。考中文状元时，和他同科的有韩愈的侄孙、韩湘子的原型——韩湘，以及苏轼"不与徐凝洗恶诗"中的徐凝。

所谓驸马状元或者状元驸马，就是在高中状元后，又被皇帝选为女婿。这种在古装影视剧里经常出现的桥段，其实在历史上是很少的；而成为驸马后，经常弹劾自己媒人的状元，更是少之又少，甚至可以说是独一份。这一份就是郑颢。

万寿公主是唐宣宗的长女，也是他最爱的女儿。万寿公主及笄后，唐宣宗就开始物色驸马人

金榜题名

以梦为马 不负韶华

选，但是选来选去都不满意。白居易的堂弟、当时的宰相白敏中知道后，便将郑颢推荐给唐宣宗。郑颢不仅是新科状元，还出身相门——他是唐宪宗朝宰相郑絪的孙子。唐宣宗一看，非常满意。然而，郑颢早与范阳卢氏的女儿订下婚约。而且，据说郑颢已经在迎亲的路上了，硬是被白敏中以皇命为由召回来了。郑颢开始并不知道怎么回事，等回到家后才知道自己要迎娶万寿公主。

　　郑颢并不想当驸马，更不想娶万寿公主。一是因为范阳卢氏也是豪门大族，名望在当时甚至不输皇室；二是因为做了驸马之后就注定做不了大官，这在当时是一条不成文的传统；三是因为万寿公主性格傲慢，不好相处。但是皇命难违，郑颢最后只能解除婚约，迎娶万寿公主。果然，郑颢和万寿公主的婚后生活并不幸福，再加上前途无望，他便将所有的痛苦都转嫁到"媒人"白敏中的身上，时不时地弹劾白敏中。好在唐宣宗洞悉郑颢的目的，并没有采信。

父子状元

张去华与张师德、梁颢与梁固

张去华，宋太祖建隆二年（961 年）状元，北宋第二位状元，开封襄邑（今河南省商丘市睢县）人，他的儿子张师德，宋真宗大中祥符四年（1011 年）状元。

"两耳不闻窗外事，一心只读圣贤书"是对古代学子的一种传统印象，而张去华打破了这种传统印象，他没有困守于"温柔敦厚"的《诗》教"，敢于挑战官场秩序。张去华高中状元以后，被授予秘书郎、直史馆之职，一年期满之后，却没有依例得到升迁，对此他很不服气。更让张去华不服气的是，制诰张澹、卢多逊，殿中侍御史师颂等人才疏学浅，却担任要职。张去华便上书自诉，向上级部门申请重新组织一次选拔考试，看看自己和他们的能力到底孰优孰劣。张去华的申请惊动了宋太祖。武人出身的宋太祖觉得张去华很有胆识，便把张去华、张澹等人叫来，亲自主持考试，这场考试被称为"临轩策试"。考场上，张去华因应对得当，被提拔为右补阙，赐予袭衣、银带、鞍勒马。张澹因答非所问，被降职。

梁颢，宋太宗雍熙二年（985 年）状元，郓州须城（今山东省泰安市东平县）人，他的儿子梁固，宋真宗大中祥符二年（1009 年）状元。巧合的是，父子二人高中状元之时都是 22 岁。

梁颢是北宋著名文学家王禹偁的学生。他从小学习刻苦，又拜得名师，可能是因为时机未到或者是方法不对，第一次参加会试竟以落第告终。比较难得的是，梁颢这个人从不内耗，不仅没有自暴自弃、一蹶不振，反而痛定思痛，对科举制度有了自己的反思和想法。他认为：唐代取士科目众多，人才济济，及至五代科举衰落，宋兴科举，但唯以诗赋、策论取士，应广开科目，甄拔人才。可惜的是，当时的梁颢寂寂无闻，其建议被呈上去之后，犹如石牛入海，杳无音信。

值得一提的是，经常有人将此梁颢与《三字经》中的"若梁灏、八十二、对大庭、魁多士"的"梁灏"相混淆。《三字经》中的梁灏，润州（今江苏省镇江市）人，他一生都在参加科举考试。还好功夫不负有心人，此梁灏终于在 82 岁高龄的时候高中状元，因此他也成为历史上年纪最大的状元。

王嗣宗

比武胜出的文状元

　　王嗣宗，宋太祖开宝八年（975 年）状元，汾州（今山西省汾阳市）人。王嗣宗虽然是文状元，最后却是通过武力比拼摘得的状元桂冠。宋朝王明清的《玉照新志》、司马光的《涑水纪闻》等书中都记载了这样一件趣事。

　　我们都知道，宋朝的开国皇帝宋太祖赵匡胤是武将出身，他作战勇猛、战功赫赫，民间甚至有"一根哨棒打下四百州江山"的说法。与此同时，宋太祖又十分重视科举取士。当武人思维和文科考试碰撞在一起的时候，就会绽放出不一样的火花。

　　在殿试中评卷、选状元，对于雷厉风行的宋太祖来说，确实显得过于烦琐了。所以，为了能够在短时间内选出状元，宋太祖便别出心裁地制定了一条"奇葩"的规定：在殿试时，第一个答完三道大题（即"一赋一诗一论"）并交卷的人便是状元！在这条"唯快不破"的规定下，确实选出了很多人才，却也引发了不少荒唐事。

　　975 年的殿试，照例还是由宋太祖亲自主持。就在宋太祖焦灼地等待第一个交卷人的时候，令人啼笑皆非的一幕发生了——有两个考生同时答完并同时交卷。他俩一个就是王嗣宗，另一个叫陈识。这就尴尬了。宋太祖在制定规定的时候，并没有考虑到这种极端情况，所以一时间还真不知道选谁来当状元好。思虑片刻，宋太祖终于想到了一个应急预案，那就是让王嗣宗与陈识"手搏"——类似于今天的单挑，一局定输赢，获胜者即是状元。

王嗣宗和陈识一听，便都使出浑身解数。最终，王嗣宗将陈识摔倒在地。宋太祖见分出胜负，非常满意，便将王嗣宗定为状元。

然而，到了宋真宗的时候，"谁先交卷谁是状元的规定"被废止了，取而代之的是完全相反的一条规定：谁先交卷就把谁赶出去。对此，宋真宗也有其一番道理："我出的题如此深奥，你那么快就答出来了，岂不是在笑话我没有文化吗？"当时有一个叫钱易的人，乃吴越王之后，不到半天就答完了三道大题。主考官认为钱易为人轻浮、文章轻佻，不仅殿试不予通过，最后就连他的进士资格也被免去了。出人意料的是钱易因此闻名于世，博得个"才子"的美名。

吕蒙正

由乞丐逆袭成状元

吕蒙正，宋太宗太平兴国二年（977年）状元，河南府（今河南省洛阳市）人。吕蒙正的一生跌宕起伏、起落不定，从官宦子弟到饥寒乞儿，从街头乞丐到状元登科，从默默无闻到一朝宰相，不可谓不传奇。

当时还是后周时期，吕蒙正的父亲吕龟图官居六品起居郎，主要是负责记录皇帝的日常起居和国家大事。他生性好色，据说曾娶过36房小妾。一次争吵之后，吕龟图将正妻刘氏与刘氏所生之子一并赶出家门。这个孩子就是吕蒙正。

夫家不让她（他）们回去，娘家也不接纳她（他）们，为了活下去，手无缚鸡之力的刘氏只能带着还是小孩子的吕蒙正乞讨度日。这一天，刘氏和吕蒙正饿得头晕眼花，正好赶上一座寺庙施粥，母子俩不仅讨得了两碗热粥喝，还结识了庙里的方丈。通过方丈的帮助，刘氏和吕蒙正得以栖身在寺庙旁的窑洞，吕蒙正也可以到私塾里去学习。

这段窑洞时光对吕蒙正产生了深远的影响。后来，吕蒙正成为太子（后来的宋真宗）的老师。

　　但是少年时期的宋真宗目中无人、顽劣恣肆，没有人敢当面劝诫他，吕蒙正便写了一篇《破窑赋》，用以告诫太子。"天有不测风云，人有旦夕祸福"这句话便是出自这篇文章。

　　吕蒙正的身上有一种很特别的气质，古往今来，围绕着他生发出了很多关于对联的故事。

　　在被逐出家门的日子里，每到逢年过节，别人家里都是亲戚盈门、热闹非常，刘氏和吕蒙正所在的窑洞却无人来访。于是，吕蒙正便在门上题了一副对联，聊以解嘲。上联是"二三四五"，少了个一（谐音"衣"）；下联是"六七八九"，少了个十（谐音"食"）；横批是"南北"，少了个"东西"。合在一起便是：缺衣少食，没有东西。

　　据《增广贤文全集》记载，吕蒙正金榜题名后，多年来不见踪迹的亲朋好友、平日里没有来往的士绅贵族，纷纷前来道喜。吕蒙正看了不禁觉得好笑，便又提笔写下一副对联，讽刺此事。上联是"旧岁饥荒，柴米无依靠，走出十字街头，赊不得，借不得，许多内亲外戚，袖手旁观，无人雪中送炭"；下联是"今科侥幸，衣禄有指望，夺得五经魁首，姓亦扬，名亦扬，不论张三李四，踵门庆贺，尽来锦上添花"。

王世则

历史上唯一的连科状元

王世则，宋太宗太平兴国八年（983 年）、太平兴国九年（984 年）状元，桂州永福（今广西壮族自治区桂林市永福县）人，一说湖南省长沙市人。他出身贫寒，幼时上山砍柴，不小心从山上跌下，摔断了一条腿，导致终身残疾。王世则也是历史上首位跛足状元。

王世则从小就酷爱读书，而且胸怀理想、志向远大，这些都没有因为瘸了一条腿而改变，反而使他更加坚韧不拔。因为家里没有钱供他读书求学，王世则只能在砍柴放牛之余，偷偷地溜到学堂去听课。这天，教书先生给学生们出了个上联——"独角兽"，让学生们对下联。就在大家冥思苦想之际，忽听窗外有人对道："比目鱼"。学生们都大为吃惊，教书先生也不例外，他出门一看，站在窗外旁听的竟然是一个破衣烂衫的跛足小孩。这个小孩就是王世则。教书先生见王世则聪明伶俐、机敏过人，便决定免费教他读书。

王世则的状元之路颇为曲折。983 年，第一次参加进士考试的王世则毫不怯场，临卷文思如泉涌、下笔如有神，不仅第一个交了卷，文章更是佳句频出。一句"构尽乾坤，作我之龙楼凤阁；开穷日月，为君之玉户金关"，让亲自阅卷的宋太宗龙颜大悦。宋太宗大笔一挥，便想把状元赐给王世则。

然而，有人站出来反对，认为国家英才荟萃，怎能让一个跛脚的人当状元，会有损朝廷的形象。宋太宗也犹豫了。这时，宰相赵普站了出来，对宋太宗说道："当年，黄巢本来应该是状元，但是唐宣宗和主考官都嫌他相貌丑陋，便只给了他一个三甲末次，导致黄巢对朝廷心生不满，后来举兵反唐。所以我们不应该以貌取人。"最终，宋太宗听取了赵普的意见，钦点王世则为新科状元。

曲折的状元之路还没有结束。第二年，与王世则同科的一位进士在地方担任县令，因为管理不善，导致他辖区内的军粮失火被焚毁。于是就有人告状说，该科进士水平不行，应该重考。宋太宗便下诏召回该科的所有进士进京复试，其中就包括王世则。结果王世则凭着自己的真才实学，再次高中状元，他也由此成为历史上两次（连续）在殿试中都高中状元的第一人，人称"连科状元"。

程宿

北宋最年轻的状元

程宿，宋太宗端拱元年（988年）状元，衢州（今浙江省衢州市）开化县长虹乡北源村人。程宿高中状元之时才18岁，是北宋时期和浙江历史上最年轻的状元。在从唐朝至清朝的600多位状元中，年纪最小的是唐宣宗大中五年（851年）的状元莫宣卿，高中状元之时只有17岁，他也是广东历史上的第一个状元，被称为"岭南第一状元"。

程宿自幼读书就非常刻苦，民间曾流传他"手提灯笼讨火种"的故事。某年冬天，程宿正在夜读，忽然感到阵阵寒气袭来，冻得他的手直打颤，连笔都握不住了。程宿低头一看，这才发现炉中的炭火不知何时已经熄灭了。于是他急忙拿起灯笼，直奔不远处的尼姑庵寻找火种。当老尼姑听说程宿的来意后，就指着他的灯笼笑着说："你这灯笼里面不是火吗？为什么要舍近求远，来我这里找火种呢？"程宿这才从满脑的诗书文章中醒过来。

在988年的殿试黄榜上，只有程宿以下28人及诸科百人。见录取人数如此之少，有人就怀疑是不是其他人都走后门了，甚至还有人敲了登闻鼓，请求复试。宋太宗对此十分重视，便在崇政殿复试落第举子，这次录取了进士马国祥及诸科700人。结果还是有一个名叫叶齐的人不服程宿当状元，击鼓状告主考官不公。宋太宗于是又在武成王庙举行了复试。主考官很生气，因厌恶叶齐而直接以"一叶落而知天下秋"为题。这次又录取叶齐等31人，诸科89人。最后，再将通过这三次考试的人统一糊名殿试，程宿又得第一，这场考了三次的科考才终于宣告结束。

糊名，又称"弥封"或"封弥"，就是将试卷卷首的考生姓名、籍贯等信息封住或裁去，使阅卷人无法识别考生身份，在一定程度上保障了录取的公平性。宋朝初年的科举制度基本上是沿袭唐朝的，试卷不糊名，所以经常引发矛盾。也正是这次科举考试后，宋朝科举开始推行糊名誊录制度。誊录，就是派专人将试卷重新抄写，以免阅卷人认出考生笔迹。

状元之家

陈尧叟、陈尧佐与陈尧咨

陈尧叟、陈尧佐、陈尧咨三兄弟，阆州新井县（今四川省南充市南部县）人，一说阆州阆中县（今四川省阆中市）人，被称为"陈氏三状元"，但实际上是两个状元、一个进士。

陈尧叟，宋太宗端拱二年（989 年）状元，而且还是"连中三元"。第一次受宋太宗召见时，陈尧叟就能做到大方得体、口齿清晰、辞意畅达，宋太宗只觉眼前一亮，问旁人："这个年轻人是什么来头？"户部侍郎王沔回答道："他是楼烦（今山西省太原市娄烦县）县令陈省华的儿子。"一年后，宋太宗在同一天任命陈省华、陈尧叟父子为秘书丞，并赏赐绯袍。父子二人同日升任同样的官职，受同样的赏赐，实属旷世殊荣。

陈尧佐，宋太宗端拱元年（988 年）进士及第。他虽然没有高中状元，却是家中官职最高的人。父亲陈省华官至左谏议大夫，哥哥陈尧叟官至枢密使，弟弟陈尧咨官至天雄节度使，而陈尧佐，则一度做到了同平章事，相当于宰相。

陈尧咨，宋真宗咸平三年（1000 年）状元。

他本是一介书生，却更喜欢舞枪弄棒，尤其是射箭，对自己的射术颇为自得，自封为"小由基"。养由基是春秋时期楚国的神射手。有一次，陈尧咨把一枚方孔铜钱挂在树上，然后站到数十米外射了一箭，羽箭正中其孔，让围观者目瞪口呆。

欧阳修写过一则写事明理的寓言故事——《卖油翁》，记述的就是陈尧咨射箭和卖油翁酌油的故事。陈尧咨射术高超，当时没有第二个人可以与他相媲美，他也凭着这项本领自夸。有一次，他在家中的园子里射箭，有个卖油的老翁放下担子，站在那里斜着眼睛看他，很久都没有离去。老翁看陈尧咨射十箭中了八九箭，也只是微微点点头。陈尧咨问道："你也懂得射箭吗？我的箭法不高超吗？"老翁说："没有别的，只不过是手法熟练罢了。"陈尧咨气愤地说："你怎么敢轻视我的射术！"老翁说："我是从倒油的经验里知道的。"说罢，老翁把一个葫芦放在地上，把一枚铜钱盖在口上，慢慢地用油杓舀油注入葫芦，油从孔入而铜钱不湿，接着说道："没有别的，只不过是手法熟练罢了。"陈尧咨颇受触动，笑着送走老翁。

王曾

历史上首位『连中三元』的状元宰相

王曾，宋真宗咸平五年（1002 年）状元，青州益都（今山东省青州市）人。王曾家世显赫，其祖上为太原王氏一脉。太原王氏，是我国古代著名的高门大姓，分为祁县王氏与晋阳县王氏两支，名家辈出、群星璀璨，有东汉司徒王允、西晋"古代四大美男"之一卫玠的母亲、东晋书法家王坦之、东晋"中兴名士第一"王承等。

王曾在八岁的时候就成了孤儿，叔父王宗元收养了他。当王宗元得知自己抚养成人的侄子高中状元，而且还是"连中三元"后，非常高兴，他大肆铺张地准备、大摆宴席地招待、大张旗鼓地宣传，再加上地方的官吏、乡绅也是敲锣打鼓、竭力逢迎，可谓万事俱备，就等着新科状元王曾衣锦还乡了。

但天下没有不透风的墙，王曾在回乡的路上就得知了这个消息，叔父和乡人的好意却并非他所愿。所以，当他抵达家乡的时候，他没有穿状元的冠服，也没有从正门入城，而是等一切都安顿好了，他才去拜访地方官，并说道："这次我只是侥幸得了状元，万万不敢因此而惊扰各位大人和乡亲父老。"意思是，把这些欢迎仪式都撤销吧。

宋朝盛行"榜下捉婿"，其实就是在科举发榜之日，各地的官员、富绅们全家出动，争相挑选登第士子做女婿，那情景简直就像抢，因此被坊间称为"捉婿"。这种现象有着特定的时代背景，富裕起来的平民阶层渴望通过与士子联姻跨入上层社会，而官宦之家则希望通过这种方式确保家族的长盛不衰。其中，最成功也最有含金量的组合就是翁婿都担任过宰相（或官职相当于宰相），比如北宋的晏殊与女婿富弼、王旦与女婿吕公弼，以及李沆与女婿王曾。

其实，最先看上王曾的不是李沆，而是吕蒙正。吕蒙正早就看出了王曾的潜力，想把女儿嫁给他，可惜晚了一步。老宰相李沆抢先一步，把王曾拉到了家里，可以说是名副其实的"榜下捉婿"了。可惜的是，李沆的大女儿和王曾结婚不到5年就过世了，李沆又把二女儿嫁给了王曾，可见李家对王曾的重视。这对于现代人来说可能难以接受，但是这种事情在当时比较常见，比如苏轼的第二任妻子王闰之，就是他发妻王弗的堂妹。

宋庠

历史上唯二『连中三元』的状元宰相

宋庠，宋仁宗天圣二年（1024年）状元，安州安陆（今湖北省安陆市）人。历史上只有两位"连中三元"的状元宰相（北宋无宰相一职，但有官职相当者），一位是王曾，另一位就是宋庠。此外，宋庠还是北宋的最后一位状元宰相，这件事情在宋朝王明清的《挥麈前录》中被演绎成了一个故事。

宋庠做了宰相后，众人纷纷写诗道贺，其中就有这样的句子："皇朝四十三龙首，身到黄扉止四人。"意思是，截至宋庠，在有宋一朝诞生的43位状元中，只有吕蒙正、王曾、李迪、宋庠四人做到了宰相。王尧臣看了这句诗之后连道可惜，他说："为什么不用'已四人'，却偏偏要用'止四人'呢？这意思不就是状元宰相到此为止了吗？"不料一语成谶。王尧臣是宋仁宗天圣五年（1027年）状元，说这句话的时候他的官职还只是枢密副使，后来又做到了参知政事，不久便去世了，距离同中书门下平章事只有一步之遥。不过，北宋的状元宰相并未到此为止，宋徽宗政和五年（1115年）的状元何栗，在宋钦宗朝成了宰相（右仆射），他也是北宋王朝的最后一任宰相。

值得一提的是，宋仁宗天圣五年（1027 年）这一科录取的进士，出了很多宰相、副宰相，比如韩琦、吴育、赵概、文彦博、包拯等。因此，后人便将这一榜称为"宰执榜"。所谓"宰执"，就是宰相与执政（即参知政事）的并称。

宋庠的弟弟宋祁也是名重当时，两人并称"二宋"。1024 年，宋庠与宋祁一起参加省试（唐宋称省试，明清称会试），试题是《良玉不琢赋》。阅卷时，主考官胥偃拿起一张试卷看后便说："非二宋不能作。"遗憾的是，在这张试卷中，他发现"怀奇擅名"与"而无刻画之名"两句，重复了一韵。胥偃感到非常惋惜，但实在不忍心因为一个韵就埋没了一个人才，他便偷偷地把"擅名"改为了"擅声"，并将此卷列为第一。后来拆开弥封一看，这张试卷果然是宋庠的。

后来殿试的赋题是《德车结旌赋》，第二韵当押"结"字。不知为什么，宋庠竟然又犯了省试的错误，没有按照规定押韵。结果，弟弟宋祁高居第一，哥哥宋庠屈居第三。当时虽然是宋仁宗朝，却是由刘太后临朝称制，在她看来，长幼有序，弟弟的考试成绩怎么能超过哥哥呢？而且她又听说宋祁这个人风评不佳，于是便将宋庠调为第一，将宋祁调为第十。后来这件事情流传出去，人们便将他们兄弟二人称为"双状元"。

陈诚之

跟秦桧儿子争状元

陈诚之，宋高宗绍兴十二年（1142年）状元，福建长乐（今福建省福州市长乐区）金峰镇后团东陈村人，是长乐置县以来的第一个状元，也是南宋恢复科举以后第一个状元。

陈诚之家是学霸之家，他是一代状元、两朝宰辅（辅佐宋高宗和宋孝宗）；他的弟弟陈宾之，是宋高宗绍兴二十一年（1151年）进士；他的儿子陈岘和侄子陈端友，是宋高宗绍兴二十七年（1157年）进士；他的孙子陈士表，是宋宁宗嘉泰二年（1202年）进士，被称为"一门五进士"，也被称为"三代五进士"。

陈诚之和秦桧养子秦熺是同科，即同榜考中者。据说，当年的主考官为了讨好秦桧，将秦熺列为第一名，陈诚之只排在第二名，同榜的还有秦桧的两个侄子——秦昌时和秦昌龄。但纸里包不住火，棉里藏不住针。不久，秦熺被内定为状元、秦昌时和秦昌龄考中进士的消息就不胫而走了，一时间朝野舆论哗然。几个胆子大的优伶甚至编演了一出讽刺的杂剧，说是因为韩信当了主考官，才录取了"三秦"。

这是一个历史典故，史称"还定三秦"。三秦，即陕西的陕南、陕北、关中地区。206年，项羽背约自封为西楚霸王，并着手分封诸王。他将关中地区重新划分为雍、塞、翟三个部分，分别封给章邯、司马欣和董翳。同年8月，被封为汉王的刘邦派遣大将韩信率汉军从蜀地杀出，明修栈道、暗度陈仓，毫不费力就击溃了雍王章邯的部队。后来，章邯拔剑自刎，塞王司马欣、翟王董翳投降汉军，刘邦也终于践行了义帝楚后怀王熊心的约定："先入定关中者王之"。

在实行糊名誊录制度前，为了避嫌，当权者或主考官的亲戚一般不参加当年的科举考试。实行糊名誊录制度后，这些人就算是参加科举考试，一般也会有意识地让自己的名次不要太靠前。而且，当时还有这么一个规矩：已经有官职在身的人（即"有官人"），一律不点状元。而秦熺，在参加殿试前就已经是朝廷命官了。

秦桧思前想后、反复权衡，最终在唱名仪式举行前改变了主意，把秦熺那即将到手的状元头衔"让"了出来。于是，原来排在第二名的陈诚之就递补上去，成了状元。

张孝祥

豪放派状元

张孝祥，宋高宗绍兴二十四年（1154年）状元，鄞县（今浙江省宁波市）人，南宋豪放派代表词人，唐朝诗人张籍的七世孙。在张孝祥高中状元的前一年，也就是绍兴二十三年（1153年）的锁厅试中，发生了一件科举公案。

宋朝把现任官员或有爵禄者参加进士考试称为"锁厅"，所以锁厅试也可以理解为宋朝为现任官员和享受国家爵禄人员专门组织的一种进士资格考试，其等级相当于发解试（乡试）。参加这次锁厅试的有秦桧的孙子秦埙，还有通过恩荫被授予登仕郎之职的陆游。恩荫，又称推恩荫补，是我国古代世袭制的一种变相，指因上辈有功而给予下辈入学任官的待遇。

锁厅试前夕，秦桧特地将主考官陈之茂请到府中，暗示秦埙也要参加考试，并希望取为第一。陈之茂为人正直，一向看不惯秦桧的胡作非为，坚持以文章优劣来分名次。结果，陆游凭借自己的真才实学拔得头筹。秦桧勃然大怒，欲降罪于陈之茂，对陆游也怀恨在心。

第二年省试（礼部试、会试），陆游佳作再现。遗憾的是，这次的主考官不再是陈之茂，而是秦桧的亲信，他们诬陷陆游的文章中藏有破坏宋金议和的字眼，便取消了陆游的录取资格。

殿试由宋高宗亲自主持，并裁定最终名次。秦桧早就指使礼部官员将秦埙的试卷放在第一名的位置，这样只要宋高宗御笔一挥，秦埙就能高中状元了。

此时，距离岳飞被害已过去了十几年，秦桧权倾朝野，宋高宗身边的大臣、宦官都有秦桧的耳目，甚至连吴皇后也是秦桧一党的，要是再让秦埙当上状元，后果不堪设想。所以宋高宗审阅试卷时直接跳过了秦埙的试卷。排在秦埙后面又比较有学问的是曹冠，他是秦埙的老师，也不能当状元。宋高宗只好继续往下面看，直到他看到第七名张孝祥的文章，才露出笑容道："张孝祥的文章恢宏大气，诗作深沉含蓄，字体沉稳厚重，当为本科状元！"

值得一提的是，与张孝祥同时上榜的还有虞世南后人、南宋名臣虞允文，位列"中兴四大诗人"的范成大、杨万里（另外两位是陆游、尤袤）等历史名人，所以这一年的科举榜单也被称为"南宋第一榜"。

李遵顼

历史上唯一的一位状元皇帝

李遵顼，西夏桓宗天庆十年（1203年）状元，兴庆府（今宁夏回族自治区银川市）人。西夏是由党项人在西北建立的少数民族政权，自其崛起直至立国，为了生存与发展，他们形成了一种尚武好斗的民族精神。《金史》称其"以西夏小邦，崇尚旧俗，犹能保国数百年。"这里的"旧俗"，指的就是尚武的精神和风俗。尤其是男子，皆以骁悍、善骑射著称，对读书、参加科举考试不感兴趣。然而，李遵顼却是个"异类"，他对骑马射箭不感兴趣，只痴迷于读书。据《西夏书校补》记载："遵顼端重明粹，少力学，长博通群书，工隶篆。"意为李遵顼从小就品行端正、努力学习、博览群书，还写得一手好字。这样的人才在当时、当地可以说是凤毛麟角。所以，李遵顼轻而易举地摘得了状元的桂冠。

如果是为了走上仕途，那么李遵顼完全没有必要参加科举考试，因为他的身份已经足够高贵。李遵顼是西夏桓宗李纯佑的族侄、齐王李彦宗的儿子。天庆十年（1203年），李遵顼袭封齐王，后又被擢升为大都督府主。

此时的西夏内外交困，外有蒙古袭扰，内有兄弟阋墙。天庆三年（1196 年），桓宗的族叔、越王李仁友去世，其子李安全上书桓宗，请求继承父亲的爵位，但遭到了桓宗的拒绝，还被降封为镇夷郡王。李安全因此怀恨在心，开始韬光养晦，并与桓宗的母亲罗太后暗通款曲。天庆十三年（1206 年），李安全在罗太后的支持下发动宫廷政变，废掉桓宗，自立为帝，是为襄宗。

襄宗昏庸无道，"见蒙古之强，纳以女；背金源之德，加以兵"，不仅屈从于蒙古的欺凌，还破坏了西夏与金长久以来的友好关系，发动了一场毫无意义的对金战役。"自兵兴之后，败卒旁流，饥民四散"，西夏遭受重大损失，灾祸遗其后世。

襄宗皇建二年（1211 年），不愿再作壁上观的李遵顼发动宫廷政变，废黜襄宗，夺取皇位，是为神宗。然而，考试和治国毕竟是两回事，李遵顼虽然写得一手锦绣文章，但是在处理对外关系方面力有不逮。他奉行的附蒙侵金政策，将西夏推上灭亡的"悬崖"。在统治集团和境内人民声讨之下，李遵顼在1223年被迫退位，自称太上皇。

陈亮

辛弃疾《破阵子》的主人公

陈亮，宋光宗绍熙四年（1193年）状元，两浙东路婺州永康（今浙江省金华市永康市）人，永康历史上的第一位状元。陈亮这个状元比较特殊，一般人都是先中状元，再有成就，他却是先有成就，再中状元。陈亮既是文学家，又是思想家；既是词人，又是学者。他独创"永康学派"，倡导经世济民的"事功之学"，世称"龙川先生"。他的政论气势纵横、笔锋犀利，词作感情激越、风格豪放，是豪放派的代表人物之一。陈亮的远祖可以追溯到出身颍川陈氏的东汉名士陈寔。这一支陈姓人才众多、群英荟萃，有发明"九品中正制"的陈群、陈朝开国皇帝陈霸先等。

陈亮的朋友圈相当广，有婺学（又称"金华学派"）的创始人吕祖谦，两人因绍兴三十二年（1162年）同试漕台而相识，而后经常互邀论学；有儒学的集大成者朱熹，两人在学术上"水火不容"，曾进行过多次"王霸义利之辩"，私下里却交情甚笃；有豪放派词人辛弃疾，两人心意相投、志同道合，不时互寄词作，留下很多千古名篇。

其中，传唱度最高的要属《破阵子·为陈同甫赋壮词以寄之》："醉里挑灯看剑，梦回吹角连营。八百里分麾下炙，五十弦翻塞外声。沙场秋点兵。马作的卢飞快，弓如霹雳弦惊。了却君王天下事，赢得生前身后名。可怜白发生！"

陈亮和辛弃疾的相识也非常富有戏剧性。绍兴三十一年（1161年），辛弃疾参加了由耿京领导的反抗金朝压迫的起义军。根据其时形势，辛弃疾劝说耿京接受南宋朝廷的领导，耿京便派辛弃疾等人去觐见宋高宗。然而，就在辛弃疾与南宋朝廷接洽成功、准备返回军中的时候，听说叛徒张安国、邵进等人谋害耿京，投降金国。辛弃疾约王世隆、马全福等人驰袭金营，抓获张安国，从数倍于己的金兵中带走张安国并摆脱追敌，最终将其押解至南宋皇帝的行在，斩杀了叛徒。

当时此事在朝野引起极大的震动，也传到了陈亮的耳朵里，他决定前往拜会辛弃疾。据记载，辛弃疾家门口有一条河，陈亮骑的马不敢过河，他试了三次想跃过去，马儿就是不配合。陈亮大怒，手起刀落，把马头砍了下来。辛弃疾在楼上看到这一幕，连忙派人去询问，而陈亮已经进门了，之后两人结为好友。

文天祥

状元中的状元

文天祥，宋理宗宝祐四年（1256 年）状元，江南西路吉州庐陵县（今江西省吉安市青原区富田镇）人。他初名文云孙，高中状元之后才改名为文天祥。1256 年，21 岁的文云孙在集英殿上以"法天不息"为题议论策对，文章洋洋洒洒一万多字，文不加点、一气呵成。宋理宗亲自选拔他为进士第一。主考官王应麟上奏说："这份试卷以古代的事情作为借鉴，忠心肝胆犹如铁石，能够得到这样的人才真是可喜可贺。"

唐宋时期，常衮、李宗闵、李德裕、杨嗣复与陈尧佐、赵鼎、吴潜、文天祥、陆秀夫、张世杰因被贬谪或转战之故，先后抵潮州，有力地推动了潮州文化的发展。明朝嘉靖年间，潮州知府丘其仁主持修建了十相留声坊，为以上 10 位宰相立坊标榜。宋恭帝德祐二年（1276 年），文天祥被任命为右丞相兼枢密使。那时的宰相已不再是"一人之下、万人之上"的权臣，而是赵宋企图维系最后一点血脉的希望。彼时的南宋王朝也已到了尾声，却是文天祥个人的英雄悲歌奏响之时，而这一首悲歌的序曲，便是在潮汕。

那时，潮州盗贼陈懿、刘兴多次叛附无常，

被潮州人民视为一大祸害。1278 年，文天祥率军进驻潮州，赶走陈懿，杀了刘兴。哪知逃走的陈懿竟然联系了元将张弘范，还做了元军的向导，帮助元军逼攻潮州。

一天，文天祥率军行至五坡岭山麓，正在吃饭的时候，张弘范的军队突然杀出，宋军措手不及，争相躲入荒草之中。文天祥也匆忙逃走，却被元军千户王惟义抓住。文天祥在慌乱之中吞下随身携带的龙脑，打算一死了之，但侥幸未死。龙脑是一种中药材，也称"天然冰片"，古人认为龙脑在特定条件下（如配合冷水）具有致命毒性。

自杀未遂的文天祥被押回潮州见张弘范，张弘范以客礼接见，又带着他一起去了崖山，还要他写信招降据守在那里的宋将张世杰。文天祥说："我不能保卫父母，还教别人叛离父母，这不是笑话吗？"后来张弘范又多次索要劝降信，均未果。在路过零丁洋时，文天祥写出那首千古流传的《过零丁洋》作为回答："辛苦遭逢起一经，干戈寥落四周星。山河破碎风飘絮，身世浮沉雨打萍。惶恐滩头说惶恐，零丁洋里叹零丁。人生自古谁无死？留取丹心照汗青。"

多年前，还是小孩子的文天祥看见学宫祭祀的乡贤画像，有欧阳修、杨邦乂、胡铨，发现他们的谥号里都有一个"忠"字。文天祥羡慕不已道："如果不成为其中的一员，就不是真正的男子汉。"文天祥被囚 3 年仍誓死不屈，最终从容赴死。明代宗时，追赐其谥号"忠烈"。

六首状元

黄观、钱棨

黄观，明太祖洪武二十四年（1391年）状元，池州府贵池县清江金墩（今安徽省池州市贵池区清溪街道联盟社区）人，历史上唯一一位"连中六元"的学子。明清时期的科举考试一共有六关，分别是县试、府试、院试、乡试、会试、殿试。其中，解元、会元、状元为"大三元"，而县试、府试、院试的第一名皆称为"案首"，统称为"小三元"。三元天下有，六首世间无。黄观从童生到状元，一路所向披靡，在六个考试中均获榜首，故被称为"三元六首"，在中国应试史上留下了浓彩重墨的一笔。

黄观在考场上让考官、考生折服，在朝堂上则让燕王朱棣折服。建文帝即位后，作为皇叔的朱棣一直愤愤不平：凭什么我要向自己侄子下跪？为什么不是我的侄子向自己下跪？这种思想上的不忿也导致了朱棣对建文帝态度上的傲慢。据《明史纪事本末》记载："燕王入觐，行皇道入，登陛不拜。"对于监察御史曾凤韶的弹劾，建文帝也没有办法，只能听之任之。皇帝都不说什么，其他大臣们就更沉默了，但有一个人除外，这个人就是黄观。黄观指着朱棣的鼻子斥责他不懂规矩，所谓"虎拜朝天，殿上行君臣之礼；龙颜垂地，宫中叙叔侄之情"。意为：这里是大殿，要行君臣之礼；要是你想叙叔侄之情，那就到皇宫里面去。朱棣无法辩驳，只好故作姿态地朝拜建文帝。

钱棨，清高宗乾隆四十六年（1781 年）状元，苏州府长洲县（今江苏省苏州市）人，五代十国时期吴越国的建立者吴越王钱镠之后。吴越钱氏家族代有名人，比如清朝乾嘉学派的代表人物钱大昕，近现代国学大师钱穆、钱钟书，当代科技界"三钱"——钱学森、钱三强、钱伟长。

钱棨与黄观不同，他不是一口气通过六个考试的。据《吴县志》记载，钱棨曾多次参加童试，但都落榜。直到乾隆三十一年（1766 年），他才以第一名的成绩考中生员，成为长洲县秀才的"案首"。后面到了乡试，钱棨又是接连失利：六进考场，六次落榜。直到乾隆四十四年（1779 年）考中第一名解元。再后来，他于乾隆四十六年（1781 年）考中第一名会元，在随后的殿试中，乾隆皇帝在他的试卷上写下"第一甲第一名"六个鲜艳的朱色大字。至此，钱棨成为清朝第一位"连中三元"的状元，也是科举史上第二个夺得六个第一的状元。苏州"三元坊"就是因他而来。

邢宽

因为名字被点为状元

邢宽，明成祖永乐二十二年（1424年）状元，南直隶无为州（今安徽省芜湖市无为县）人，他是明朝江北的第一位状元，也是芜湖历史上的最后一位状元。长久以来，金殿会试的试卷一直是竖行书写的，直到明朝永乐年间，才改用横线直格。据传，这件事便与邢宽有关。

1424年廷试后，主考官拟定的第一名原本是江西丰城（今江西省宜春市丰城市）的学子孙曰恭，邢宽只排在第三。试卷和名单呈上去后，明成祖最先看到的便是排在第一位的"孙曰恭"，顿时心生不悦。因为那时候的字都是竖行写的，"曰恭"二字上下摞在一起极易被看成"暴"字。明成祖心想："曰恭"乃"暴"也！我朝施行仁政，岂能使用暴力？于是便将"孙曰恭"划去，继续往下看。当明成祖看到第三名的名字是"邢宽"的时候，不禁大喜道："邢宽者，量刑之宽也！唯宽厚待我臣民，方能天下太平、民心归顺。"再一看，邢宽还是江北人士，明成祖更高兴了。因为明朝自开国以来，钦点的16名文状元中有15

名是江南士子，另一名韩克忠，是山东武城人。明成祖亲自用朱笔点了邢宽为三甲之首，即状元；而孙曰恭被放至一甲第三名，即探花。值得一提的是，皇帝亲自用朱笔书写学子姓名于榜首，这在当时是莫大的荣誉，成为一时佳话。

关于孙曰恭的故事还有另外一个版本。主考官拟定孙曰恭为第一名后，就将案卷呈上去请明成祖宣布。明成祖在宣布名单时，误将"曰恭"两个字看成了一个"暴"字，结果第一名就从"孙曰恭"变成了"孙暴"。孙曰恭听了，心中好生疑惑，心想："莫非当真有个'孙暴'？"他也不敢贸然应答，生怕犯了欺君之罪，便仍安安静静地跪在殿下仔细听着。等到明成祖即将宣布第三名探花的时候，孙曰恭终于忍不住了，他壮起胆子说道："启奏万岁，臣名'曰恭'，并非'暴'也。"明成祖一听，便明白了原委，但皇帝是"金口玉言"，怎么能随便改变"旨意"呢？当众丢人不说，以后还怎么服众呢？思前想后，明成祖便自圆其说道："朕怒者曰恭，爱者暴也。"就这样，孙曰恭只落得个第三名"探花"。

商辂

唯一的一位『三元及第』的明朝人

商辂，明英宗正统十年（1445 年）状元，严州府淳安县（今浙江省杭州市淳安县）人，历经英宗、代宗、宪宗三朝，民间称之为"三朝宰相"，时人称"我朝贤佐，商公第一"。

在乡试、会试、殿试中都考中了第一名，称为"三元及第"，它与更难一级的"连中三元"的区别在于后者是"连续"的。商辂是明宣宗十年（1435 年）乡试第一、正统十年（1445 年）会试和殿试第一，不是连续的，所以不是"连中三元"，而是"三元及第"。终有明一代近三百年间，能达成"三元及第"者的只有两个人，一个是生于元顺帝至正二十四年（1364 年）的黄观（连中六元），另一个就是生于明成祖永乐十二年（1414 年）的商辂。

商辂从小就语出惊人。十岁那年，商辂想跟着父亲一起赴京听选，却被父亲拒绝了。父亲对他说道："等我做官的时候，再和你一同到任上去。"商辂生气地说道："你做官，我也做官。你到我任上，我却不到你任上。"

　　相传，在商辂六岁的时候，严州府的主考官要乘船从金华、兰溪一路过来，准备应试的学子都跑去拜见，商辂也缠着父亲带他去。等商辂到南门码头的时候，只见学子们都垂头丧气、纷纷散去，而主考官正站在船头，准备离开。商辂忙大喊道："主考大人，请留步！"主考官一看，竟是一个孩子在叫他，便好奇地问道："是你在喊本官吗？"商辂一本正经地回答道："是我，我也想参加考试。"主考官听了，哈哈大笑，说道："码头上这么多读书人，连本官的对子都对不上来，就凭你一个小孩？还是赶紧回家去吧！"商辂信心十足地说道："大人您别瞧不起小孩啊！请出对子吧！"主考官看了一眼纤夫，随口出了一个上联："龙须屡屡升天际。"商辂也看了一眼纤夫，随即便对出下联："虎爪尖尖伏水中。"主考官听后暗自惊奇，又见这个孩子骑在大人的脖子上，便又出了一个上联："顽童无知骑父作马。"商辂一听便从他父亲背上跳了下来，对道："慈父有德望子成龙。"主考官有心再试他一试，又道："月照三河河映塔，似虎拦溪。"商辂看了一眼三江口的方向，对道："风吹大浪浪掀洲，如龙分水。"主考官连连点头，不住地夸奖道："神童啊！他日前途不可限量！"

杨慎 明朝著述最多的状元

　　杨慎，明武宗正德六年（1511 年）辛未科状元，四川新都（今四川省成都市新都区）人，明朝三才子（杨慎、解缙和徐渭）之首，明朝著述博富第一。据《明史·艺文志》统计，其著作多达 400 余种，涉及诗词散文、散曲杂剧、经史方志、天文地理、金石书画、音乐戏剧、宗教语言、民俗民族等多个方面。自古以来，四川就是人文荟萃之邦，历史上曾出过很多名人。据清朝《新都县志》（嘉庆版）记载，新都人常将"相如赋、太白诗、东坡文、升庵（杨慎号）科第"相提并论。

　　有时候考试也需要运气，这句话用在杨慎身上可以说是再合适不过了。据《升庵诗话新笺证》记载，正德三年（1508 年），杨慎第一次参加会试，主考官王鏊、梁储已经将他的文章列为卷首了，谁知道烛花刚好落下来，将放在最上面的考卷烫了个窟窿，杨慎就这样名落孙山了。落第后，他写下"空吟故国三千里，悔读南华第二篇"以抒怀。3 年后，杨慎自信归来，终于一举夺魁。

　　明朝的文学作品中含有大量关于对联的记述，几乎每一个有名气的明朝文人都有关于对联的故事，杨慎也不例外。

据《中国古今巧对妙联大观》记述，一天，杨慎路过一家私塾，看到教书先生正在用戒尺责打学生，便上前询问，才知道是因为教书先生出了一个下联，而学生们没有对出上联。杨慎便向那位先生请教下联内容，教书先生说道："谷黄米白饭如霜。"杨慎本想替学生们解围，没想到连他自己也被难住了，想了很久都没有想到满意的答案。这年冬天，杨慎跟着父亲杨廷和去参加弘治帝的宴会。弘治帝看着火盆中黑黑的木炭冒着红红的火苗，便对群臣说道："朕有一联，看众爱卿谁能对上。上联是：炭黑火红灰似雪。"大臣们都低头沉思，只听杨慎对道："谷黄米白饭如霜。"弘治帝一听，高呼："对得好！对得好！"

杨慎曾为他的《廿一史弹词》中的《说秦汉》写过一首开场词——《临江仙·滚滚长江东逝水》："滚滚长江东逝水，浪花淘尽英雄。是非成败转头空。青山依旧在，几度夕阳红。白发渔樵江渚上，惯看秋月春风。一壶浊酒喜相逢。古今多少事，都付笑谈中。"毛宗岗父子非常喜欢这首词，所以他们在评刻《三国演义》的时候，将它放在卷首作为开篇词。杨慎为其中的《说三分两晋》写的《西江月·道德三皇五帝》也没有被埋没，被冯梦龙拿去作《东周列国志》的开篇词了。

傅善祥

历史上唯一的一位女状元

傅善祥（太平天国官方文书写作"伏善祥"），江宁（今江苏省南京市）人，出生于书香世家，少有诗名。王韬的《瀛窟谰言》写道："（傅善祥）少长即能诗，尝咏寒帘，有句云：'怕有风时垂密密，更无人处护重重。'极为汤雨生都督所赏。父母俱奇爱之，不啻拱璧。每顾而乐之曰：'此吾家不栉进士也！'女每一诗出，闺阁传写，由此才名大噪。"16岁的时候，傅善祥嫁给了同邑的王生。清朝许奉恩的《里乘》记载："生故寒素，为人朴钝，齿逾弱冠，犹艰于一衿。"王生二十多岁了仍未考取秀才。

清文宗咸丰三年（1853年），有说法称，洪秀全等人率领号称50万群众、战船1万余艘，水陆并进、夹江东下，包围了江南重镇江宁，仅用了21天便击溃了清军，占领了江宁，并将其更名为天京，作为太平天国的首都。据称，无路可走的傅善祥投奔了太平军。

同年，洪秀全颁布诏书，开甲取士，破天荒地增加了"女科"，"凡识字女子概令应试"，傅善祥勇敢地报名了。据称,参加此次考试的男女考生共有 600 余人,男科女科的试题一样,都是"太平天国天父天兄天王为真皇帝制策"。男科的主考官是东王杨秀清,女科主考官是洪秀全的妹妹洪宣娇。

据《科举与南京》记载,傅善祥才华横溢,考场上的她更是文思泉涌,洋洋洒洒一万余字的文章,不仅下笔立就,而且字字珠玑,获得了阅卷人的一致好评。后来这篇文章被送到了考官们手里,考官们无一不被傅善祥的文章所折服,尤其是一句"三皇不足为皇,五帝不足为帝,惟我皇帝,乃真皇帝",更是说到了洪秀全的心坎上,于是他毫不犹豫地将傅善祥点为女科状元。

从当时起,傅善祥就饱受争议,包括她的生平、诗才、结局及女状元的身份,直到现在仍未盖棺论定。2010 年,新华社高级记者魏文华发表了《东王杨秀清的后裔及衣冠冢》。据称,天京事变时,东王杨秀清小妹杨水娇将幼侄杨丙昭带出,远奔杭州,经王春乔介绍,托给药店学徒屠德林收养。据其家族口述史称,杨丙昭之母即为傅善祥。

翁同龢

贵为两朝帝师的状元

　　翁同龢，清文宗咸丰六年（1856 年）状元，江苏常熟人，历仕咸丰、同治、光绪三朝，曾担任同治帝和光绪帝的师傅。刘禺生的《世载堂杂忆》记载了这样一件趣事。

　　翁心存和孙玉庭都是体仁阁大学士，翁家与孙家更是世交。1856 年，翁心存之子翁同龢和孙玉庭之孙孙毓汶都要参加当年的殿试。说巧不巧的是，翁同龢和孙毓汶都有问鼎状元的实力，而且这顶状元桂冠对于两家来说，还都是"刚性需求"。

　　自翁拱辰在明朝万历年间以举人的身份入仕后，常熟翁氏便成为科举仕宦之家。不过到了翁同龢的高祖、曾祖辈，这顶光环便暗淡下去。直到翁同龢的祖父翁咸封再次入仕，翁家才得以继续当年的荣耀，但是一直没有出过状元，所以翁家对翁同龢寄予厚望。孙家祖孙四代同时在朝为官，家门之盛，巍科显爵，无人可比，堪称"山左之冠"。清宣宗道光二十四年（1844 年），孙玉庭的另一个孙子、孙毓汶的堂兄孙毓溎高中状元，孙家得陇望蜀，还想成就一番"兄弟状元"

的佳话。就这样，明明是全国性的殿试，变成了翁孙两家角逐的竞技场，当时的情势似乎已经到了新科状元不是翁同龢就是孙毓汶的程度。

当时有这样一条规定，殿试的前一天晚上，考生必须住在考场附近。孙家正好住在皇城旁边，翁家就住得比较远了。于是，孙家便在这件事情上动了手脚。殿试的前一天，孙家邀请翁同龢前来做客，大家吃吃喝喝、聊天谈地，不知不觉就到了深夜。翁同龢忽然想到明天还要考试，便连夜赶回家中，而孙毓汶早就睡下了。月黑风高，翁同龢好不容易回到官舍中，刚要睡觉，窗外忽然传来一阵噼里啪啦的爆竹声，而且彻夜未熄——也是孙家安排人放的，致使翁同龢一夜没睡。第二天考试，孙毓汶精神抖擞，翁同龢头昏脑胀，他不禁长叹道："新科状元必是孙毓汶无疑了。"话音刚落，翁同龢突然想到自己的卷袋中好像有人参，便连忙找出来吃了。吃完之后，翁同龢只觉精神一振、容光焕发，振笔直书、手不停挥，最后他的试卷被评为第一，他也因此被称为"人参状元"。

金榜
题名

第二章

神州学府录

北京大学

Peking University

北京大学
PEKING UNIVERSITY

校徽

北京大学（简称"北大"）的校徽由鲁迅先生的设计稿丰富和发展而来，造型是中国传统的瓦当形象，中心"北大"二字饱含篆刻风韵、上下排列，上部的"北"字仿佛背对背侧立的两个人像，下部的"大"字仿佛一个正面站立的人像。外环上方是英文校名"PEKING UNIVERSITY"，下方是数字"1898"，为北京大学前身京师大学堂的创办年份。

校训

北京大学没有校训，但是爱国、进步、民主、科学的精神和勤奋、严谨、求实、创新的学风在这里生生不息、代代相传。

金榜题名

以梦为马 不负韶华

学校简介

■ 历史沿革

　　北京大学创办于 1898 年，是戊戌变法的产物，也是中华民族救亡图存、兴学图强的结果，初名京师大学堂，是中国近现代第一所国立综合性大学，辛亥革命后，于 1912 年改为现名。

　　1916 年 12 月 26 日，著名教育家蔡元培受命出任北京大学校长，次年正式到任。面对当时校内遗留的旧式教育风气，蔡元培"循思想自由原则，取兼容并包主义"，对北京大学进行了卓有成效的改革，促进了思想解放和学术繁荣。陈独秀、李大钊、毛泽东及鲁迅、胡适、李四光等一批杰出人士都曾在北京大学任教或任职。

　　1937 年全民族全面抗日战争爆发后，北京大学与清华大学、南开大学南迁长沙，共同组成国立长沙临时大学。1938 年，临时大学又西迁昆明，更名为国立西南联合大学。抗日战争胜利后，北京大学于 1946 年 10 月在北平复员。

　　2000 年 4 月 3 日，北京大学与原北京医科大学合并，组建了新的北京大学，形成了如今多学科协调发展的办学格局。从戊戌变法的历史产物，到今日的世界一流大学，北京大学始终与国家民族命运紧密相连，在中国现代化进程中发挥着不可替代的重要作用。

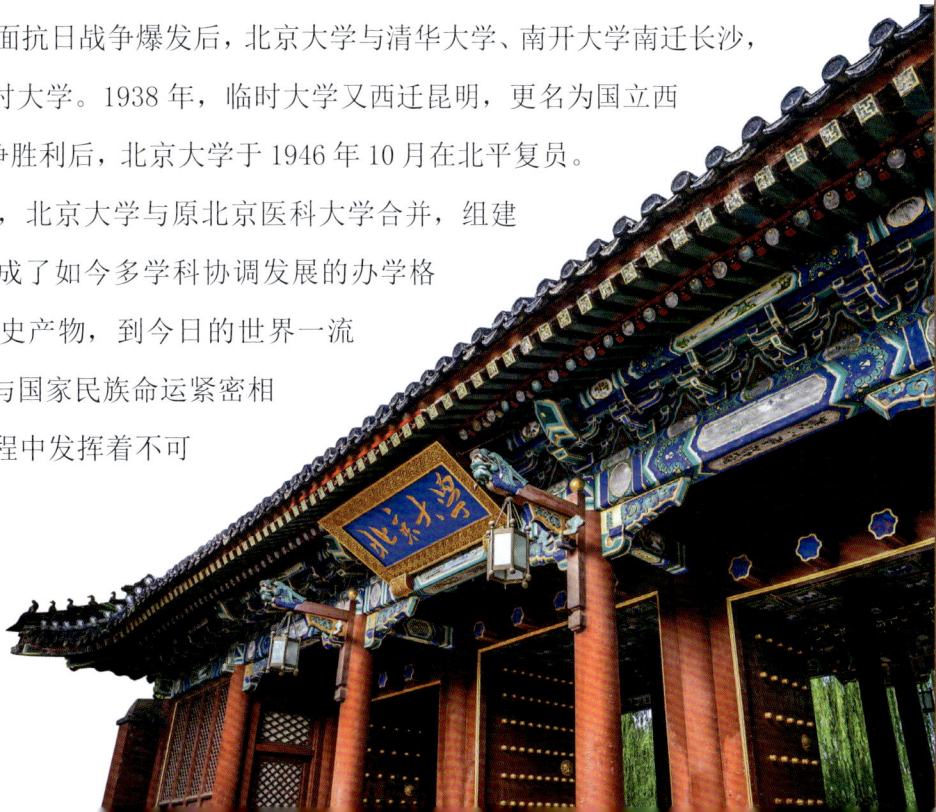

■办学理念

北京大学坚持社会主义办学方向，面向现代化、面向世界、面向未来，继承爱国、进步、民主、科学的光荣传统，弘扬勤奋、严谨、求实、创新的优良学风，秉承思想自由、兼容并包的学术精神，崇尚真理、追求卓越，走具有中国特色、北大风格的世界一流大学发展道路。

■校园文化

北京大学主校区坐落于北京，校园环境融汇了自然景观与人文底蕴。核心景观包括未名湖和博雅塔，还有许多明清建筑和古典园林，其中燕园最具代表性，这些景点共同构成了北京大学的独特风貌。北大校园内洋溢着浓厚的人文气息和学术氛围，社团活动丰富多彩，涵盖了学术、文艺、体育等多个领域。每年举办的"北大之锋"辩论赛、校园"十佳歌手"大赛等活动，不仅展现了北大学子的才华与活力，更成为校园文化的重要载体。漫步北大校园，既能感受到百年学府的历史沉淀，又能体会到当代青年的创新活力，这种传统与现代的交融正是北京大学独特魅力的体现。

■学术成就

北京大学是中国学术界的瑰宝，学科实力和人才培养水平在全球范围内享有盛誉。大量顶尖人才汇聚于此，形成了强大的人才虹吸效应。北京大学的文、理、医、工四大学科群耦合度很高，各学科相互促进、协同发展，形成了独特的"学科共生体"。北京大学在《科学》《自然》《细胞》（CNS）三大国际顶尖学术期刊上发文量位居全球前列，展现了强大的科研创新能力。在2024年QS世界大学排名中，北京大学以其卓越的学术成就和国际影响力，再次荣登全球高校排行榜，全球排名第17，亚洲排名第2，是中国高校中唯一一所跻身全球前20的学府。

■ 未来展望

北京大学"上承太学正统，下立大学祖庭"，既是中华文脉和教育传统的传承者，也标志着中国现代高等教育的开端。面向未来，北京大学将再接再厉、接续奋斗，坚持当好培养高素质拔尖创新人才的摇篮、创造前沿科技和先进思想文化的重要阵地、服务国家高质量发展的枢纽平台、推动高水平对外开放的桥梁纽带，在新征程上不断谱写建设中国特色、世界一流大学的崭新篇章。

鲁迅先生认为，北京大学是"常为新的，改进的、运动的先锋，要使中国向着好的、往上的道路走"。这所历经沧桑、砥砺前行的学府，自其前身京师大学堂创立之日起，便承载着国家与民族的期望，成为培养英才、探索真理的圣地。

北京师范大学

Beijing Normal University

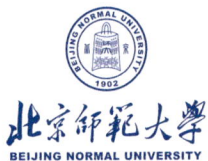

校徽

　　北京师范大学（简称"北师大"）校徽的整体造型为圆形印章形，核心图案木铎上有"师大"二字，木铎两侧有篆字"北""京"二字；核心图案周围环绕"北京师范大学"英文名称"BEIJING NORMAL UNIVERSITY"，下方"1902"为其前身京师大学堂师范馆的创建年份。

校训

　　北京师范大学的校训是"学为人师、行为世范"，由著名史学家启功所拟，这8个字是中国知识分子人格修养的标准和精神追求，也是启功70多年从教生涯中的一个感悟。

学校简介

■ 历史沿革

　　北京师范大学的前身是 1902 年创立的京师大学堂师范馆，1908 年改称京师优级师范学堂，独立设校，1912 年改名为北京高等师范学校。1923 年学校更名为北京师范大学，成为我国历史上第一所师范大学。1931 年、1952 年北平女子师范大学、辅仁大学先后并入北京师范大学。鲁迅的一生，和北京师范大学有着密切的关系。从 1920 年 9 月至 1926 年 8 月，鲁迅在北京高等师范学校、北京女子高等师范学校任教。这 6 年时间里，鲁迅在日记中提到北京师范大学就达 304 次之多。鲁迅的夫人许广平就是北平女子师范大学的学生。在北京师范大学工作的 6 年内，因为当时激烈的斗争生活，鲁迅的课堂充满了战斗的豪情，这一时期也是他创作力最旺盛的时期。《阿Q正传》《华盖集》《坟》《彷徨》《野草》《中国小说史略》等作品的创作，绝大部分是在这段时间里完成的。他在北京师范大学所作的告别北京最后一次公开演讲中讲道："希望是附丽于存在的，有存在，便有希望，有希望，便是光明。"鲁迅的这种硬骨头精神深深地影响着北京师范大学的师生们。2002 年，教育部和北京市决定重点共建北京师范大学，北京市第九次党代会将北京师范大学列入支持建设的世界一流大学的行列。

■ 办学理念

经过百余年的发展，北京师范大学秉承"爱国进步、诚信质朴、求真创新、为人师表"的优良传统和"学为人师、行为世范"的校训精神，形成了"治学修身，兼济天下"的育人理念。

■ 校园文化

北京师范大学主校区坐落于北京，校园内有众多标志性建筑与历史印记。例如，木铎金声一百年纪念碑是为纪念北京师范大学建校百年而树立的著名地标；五四纪念碑详细记录了北京高等师范学校学生在五四运动中的英勇事迹；一二·九纪念碑，不仅是对先辈们英勇事迹的缅怀，更是对"一二·九"精神的传承与弘扬；三·一八殉难烈士纪念碑，不仅是对北师大 3 位英勇牺牲的烈士的缅怀，更是对那段血与火的历史见证。

■ 学术成就

北京师范大学作为教育部直属的重点大学，以教师教育、教育科学和文理基础学科为主要特色，是中国历史上第一所师范大学。学校在"七五""八五"期间被确定为国家首批重点建设的十所大学之一，后进入"211 工程""985 工程"，并于 2017 年入选国家"世界一流大学"建设 A 类名单。2022 年，学校 12 个学科入选第二轮"双一流"建设学科，入选学科数量位居全国高校前列。在《2024 软科中国最好学科排名》中，北京师范大学的教育学、心理学、中国语言文学、地理学 4 个学科为中国顶尖学科，这一成绩不仅是对北京师范大学深厚学科底蕴的肯定，更是对其在相关领域持续创新的认可。尤其是心理学学科自 2017 年以来连续 8 年蝉联"软科中国最好学科排名"榜首。北京师范大学拥有顶尖的学科实力、强大的科研平台及雄厚的师资力量，为学生提供

高水平的教育。在平台项目方面，北京师范大学拥有认知神经科学与学习国家重点实验室、发展心理学教育部人文社会科学重点研究基地、应用实验心理北京市重点实验室等重要科研平台，为师生提供了良好的科研环境。在国际排名中，北京师范大学同样表现出色，这不仅彰显了其在全球高等教育舞台上的影响力，也为其学子提供了更广阔的视野和更多的国际交流机会。

■ 未来展望

　　今天的北京师范大学，是一所以教师教育、教育科学和文理基础学科为主要特色的著名学府，是国家人文社会科学科研和科技创新的一支重要力量，是国家高素质创新型人才培养的重要基地。面向未来，北京师范大学将继续弘扬红色师范百廿传统，坚守教师教育核心使命，以学校的高质量发展全面服务教育强国建设，以教育的高质量发展全面支撑中国式现代化。

打造"教育硅谷"，赋能强国建设。北京师范大学凭借其深厚的文化底蕴、卓越的学术成就和广泛的社会影响力，成为万千学子心中的学术殿堂。

东北大学

Northeastern University

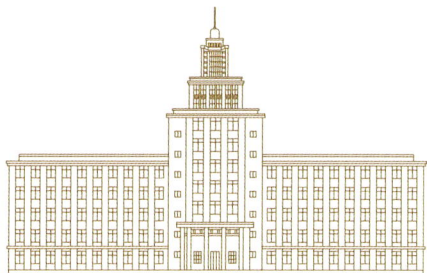

校徽

东北大学（简称"东大"）的校徽主体图案为白山黑水，水的线条形为八卦中的"艮卦"，代表东北方位。圆形外围一圈为东北大学中英文名称及建校年份。原校徽是我国国徽的设计者、著名建筑学家林徽因教授于 1929 年设计的。现在的校徽主要是加入了张学良老校长于 1992 年为东北大学题写的校名。

校训

"自强不息、知行合一"，前一句出自《周易·乾》："天行健，君子以自强不息。"后一句则是由明朝思想家王守仁提出的。这 8 个字曾经在安如磐石的岁月里激励着东北大学师生在颠沛流离中耕读救国，在新中国建设中顽强拼搏、真诚奉献，在新时代矢志报国、担当奉献、勇立潮头、砥砺前行。

学校简介

■ 历史沿革

东北大学始建于 1923 年 4 月，是一所具有爱国主义光荣传统的大学。1928 年 8 月至 1937 年 1 月，著名爱国将领张学良将军兼任校长。1928 年 7 月，东北大学工科增设建筑学系，并招收了首届学生，这是全国高校的第一个建筑学系。同年 9 月，留美归来的梁思成应聘到东北大学建筑学系，任专任教授，不久改任主任教授。1929 年 3 月，林徽因也应聘到东北大学建筑学系，任专任教授，主讲美术与建筑设计课程。在上第一堂课时，她把学生带到沈阳故宫的大清门前，以现存的古建筑作为教具，让大家从这座宫廷建筑的外部去感受建筑与美的关系。林徽因渊博的知识、犀利的谈锋、爽快的幽默，多年后仍让她的学生记忆犹新。

1949 年，沈阳工学院在东北大学工学院和理学院（部分）的基础上成立。1950 年学校定名为东北工学院，1993 年复名为东北大学。1997 年，原沈阳黄金学院并入东北大学。1998 年，东北大学划转为教育部直属高校，是国家首批"211 工程""985 工程"重点建设高校，2017 年入选国家首轮世界一流大学建设高校，2022 年入选国家第二轮"双一流"建设高校。

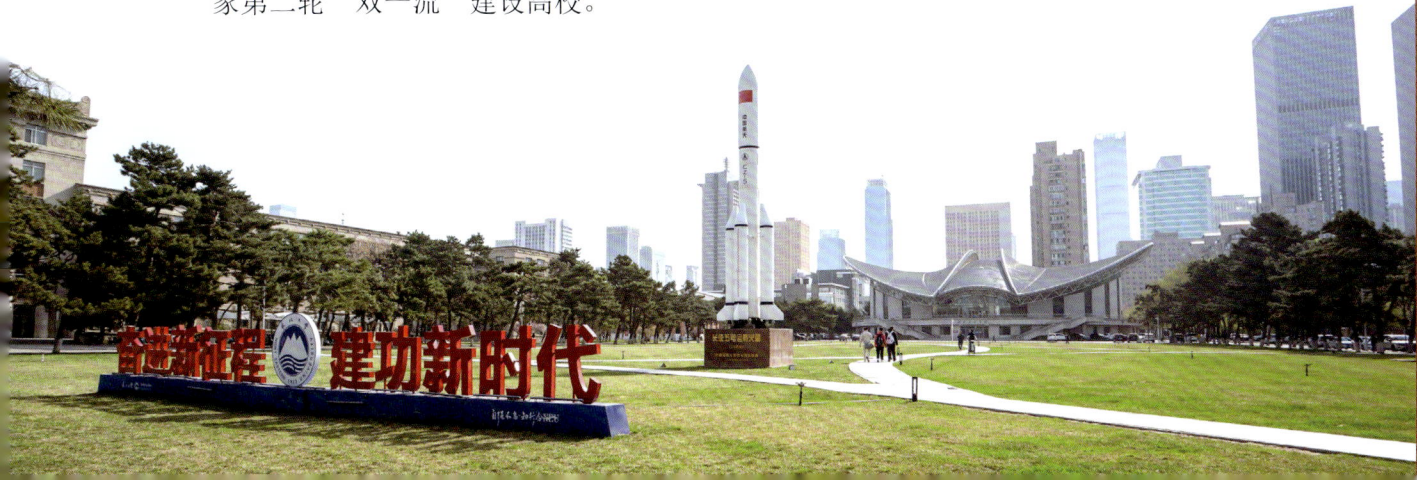

■ 办学理念

东北大学全面贯彻党的教育方针，坚持立德树人根本任务，形成了"自强不息、知行合一"的校训精神和"实干、报国、创新、卓越"的文化品格，在技术创新、转移和产学研合作方面形成了鲜明的办学特色，为国家、为民族作出了积极贡献。

■ 校园文化

东北大学主校区坐落于沈阳，主楼是东北大学的标志性建筑，原名为大红砖楼，也被称为张学良将军楼，它见证了张学良将军的东北易帜，之后又经历了九一八事变。汉卿会堂是东北大学的象征性建筑之一，是学校举办重要活动和学术讲座的场所，承载着无数东北大学师生的记忆。东北大学设有雪域九眼天珠社团、飞鸟户外运动协会等多种社团。学校大力挖掘其特有的爱国文化历史资源，汇聚成推动学校发展的强大正能量。

■ 学术成就

东北大学在我国高等教育史上创造了若干个"第一"：创建了国内高校第一个建筑系，先后研发出国内第一台模拟电子计算机、第一台国产 CT、第一块超级钢及钒钛磁铁矿冶炼新技术、钢铁工业节能理论和技术、控轧控冷技术、混合智能优化控制技术等一大批高水平科研成果，编写了中国第一部炼铁、铝电解等专业教材，兴办了第一个大学科学园，培育了中国第一家上市的软件公司，著名建筑学家梁思成、林徽因夫妇留学归国后创业历程的第一站，第一位正式参加奥运会的中国运动员刘长春从这里起步……"十三五"以来，东北大学获国家级教学成果奖 9 项，首届全国教材建设奖（高等教育类）1 项。获得国家科学技术进步奖一等奖、国家自然科学奖二等奖等

国家级科技奖励 16 项，在《科学》《自然》等顶级期刊发表了一批高水平科技论文，涵盖众多前沿领域重要成果。学校深化产教融合、科教融汇，入选首批教育部"高校科技成果转化试点示范基地"。获批建设教育部首批未来技术学院、首批特色化示范性软件学院、首批国家级创新创业学院、国家卓越工程师学院。

■ 未来展望

东北大学以其深厚的底蕴和卓越的科研实力，被誉为"东疆明珠，人才摇篮"。面对未来，东北大学将继续坚持"教育英才"的办学宗旨，以"两个深度融入"为主要路径，为建成"在中国新型工业化进程中起引领作用的中国特色、世界一流大学"而不懈努力。

百年淬火铸信仰，百年奋斗铸辉煌。历史积淀了东北大学光荣悠久的爱国传统，挥写了她荡气回肠的爱国篇章，也镌刻了她矢志不渝的报国理想。

东南大学

Southeast University

东南大学
SOUTHEAST UNIVERSITY

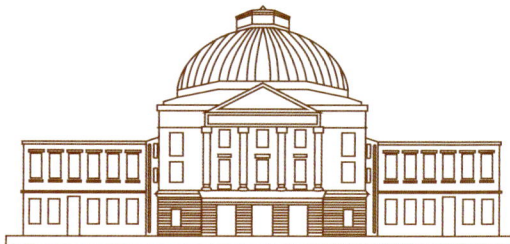

校徽

东南大学（简称"东大"）校徽整体呈圆形，中间是绿底倒三角形，倒三角内部为东南大学的标志性建筑四牌楼校区大礼堂，细线为大礼堂轮廓线，中间黑实线为大礼堂门楼，内圆的上半部分为"东南大学"校名，下半部分左侧的"1902"为建校时间，下半部分右侧的"南京"为东南大学所在的城市，外环上半部分为东南大学的英文名称，下半部分为东南大学的校训"止于至善"。

校训

"止于至善"，出自《礼记·大学》的"大学之道，在明明德，在亲民，在止于至善。"意为以止于至善为目标或原则，不断地革新和完善，旨在激励东南大学师生完善自我以立德，服务人类以立业，坚持真理以立信，追求卓越以立境。

学校简介

■ 历史沿革

　　东南大学的前身是创建于 1902 年的三江师范学堂，后历经两江师范学堂、南京高等师范学校、国立东南大学、国立中央大学等重要发展时期。1914 年，在两江师范学堂原址，筹建南京高等师范学校，当时为纪念两江师范学堂总督李瑞清（字梅庵），在进香河东侧六朝松下建了三间茅屋，取名梅庵。门前挂有李瑞清手书的"嚼得菜根，做得大事" 8 字校训木匾。南京高等师范学校时期，王燕卿先生曾在此教授古琴，由此而有梅庵琴派，传世至今。20 世纪 20 年代，梅庵还曾是会议、讲习场所，同时还是红色革命基地。在梅庵正面，有著名历史学家柳诒徵于 1947 年 6 月 9 日题写的"梅庵"二字匾额。1952 年，全国高校院系调整，学校文理等科迁出，以原国立中央大学工学院为主体，先后并入复旦大学、交通大学、浙江大学、金陵大学等学校的有关系、科，在国立中央大学本部原址建立了南京工学院。1988 年，学校复更名为东南大学。2000 年，原东南大学、南京铁道医学院、南京交通高等专科学校合并，南京地质学校并入，组建新的东南大学。

■ 办学理念

东南大学逐步形成了"严谨、求实、团结、奋进"的优良校风和"以科学名世、以人才报国"的办学理念，铸就了"止于至善"的校训精神，践行"课比天大、生为首位"育人理念，夯实"双一流"建设基础，全面推进领军人才培养新格局，主动回应国家需要、社会关切。

■ 校园文化

东南大学主校区坐落于南京，四牌楼校区入选"首批中国20世纪建筑遗产"名录，印度文豪泰戈尔曾在此演讲，《建国大业》《人民的名义》等热播影视剧在此取景拍摄。大礼堂是东南大学的标志性建筑之一，被海内外校友视为母校象征。东南大学孟芳图书馆是我国历史最悠久的大学图书馆之一，门额上金书"图书馆"3字为著名实业家、教育家、清末状元张謇所题。东南大学是中国马拉松运动的发祥地之一，始终高度重视体育建设。学校还通过丰富的校园文化活动，为学生打造多姿多彩的青春舞台。

■ 学术成就

东南大学作为一所以工科为主要特色的综合性、研究型大学，在学术领域取得了卓越成就。学校现有38个院系、85个本科专业，拥有44个博士学位一级学科授权点、53个硕士学位一级学科授权点，12个博士专业学位授权点类别、32个硕士专业学位授权点类别。在学科建设方面，东南大学12个学科入选国家"双一流"建设学科名单，并列全国第八位。17个学科进入ESI世界前1%，其中工程学位居全球第13位，计算机科学位居全球第4位，稳居ESI世界前0.01%行列。东南大学坚持扎根中国大地，坚持战略新兴领域自主创新，坚持服务国家和区域发展，接连取得以"新中国十大工程"设计、第五代移动通信技术（5G）、重症医学为代表的一大批重大突破。

■ **未来展望** ....

　　今天的东南大学，是我国科学技术研究与辐射的重要基地。面向未来，东南大学将着力打造高水平科技创新格局，早日建成具有鲜明中国特色、东大气质、人民满意的世界一流大学，努力造就具有家国情怀和国际视野、担当引领未来和造福人类的领军人才，为实现中华民族伟大复兴、促进人类文明发展进步作出卓越贡献。

> 　　百载文枢江左，东南辈出英豪。坐落在这片充满历史底蕴和孕育灿烂文化土地上的东南大学，不仅是近现代中国高等教育发展的见证者，更是无数学子梦想起航的地方。

复旦大学

Fudan University

校徽

复旦大学（简称"复旦"）的校徽根据江湾校区奠基石拓片设计，为正圆形，整体以天圆地方之结构，内圈正中为小篆繁体中文"復旦"字样，内外圈间为复旦大学英文名称"FUDAN UNIVERSITY"以及建校年份"1905"。

校训

"博学而笃志，切问而近思"，出自《论语•子张》："子夏曰：'博学而笃志，切问而近思，仁在其中矣。'"这一校训体系形成了"知识—人格—实践"的闭环：博学奠定基础，笃志明确方向，切问驱动探索，近思实现突破，四者共同支撑起"具有国家意识、人文情怀、科学精神、专业素养、国际视野"的复旦育人目标。

学校简介

■ 历史沿革

　　复旦大学是中国人自主创办的第一所高等学府，创建于1905年，原名复旦公学。复旦大学创始人马相伯先生一生为祖国的富强呕心沥血，寻求探索正确的道路。他毁家兴学，支持学生运动，呼吁抗日，营救进步人士，是一个热忱的爱国者。1939年春，因日军逼近广西，其学生于右任等人安排他转移至昆明，途经越南谅山时因病滞留。在谅山养病期间，马相伯常对探望者慨叹："伲（我）是只老狗，叫了一百年，也没把中国叫醒！"此语既是他对毕生救国事业未竟的抱憾，更是对民族觉醒的深切期盼。病中的马相伯每次醒来必问所在何处，当得知身处越南谅山时，便会着急地说："快让我走，这不是我们的国土，我要回国！"后来，学生们只好在他一觉醒来时骗他说："现在我们已抵云贵交界处了。"他才稍安。1939年11月4日，马相伯在谅山弥留之际，口中还一直含糊地吟着："消息！消息！"询问抗战局势，直至生命最后一刻。

　　1917年，复旦公学改名为私立复旦大学，1941年改为国立复旦大学。20世纪80年代后，尤其是通过教育部和上海市共同建设，复旦大学逐步发展成为一所包含人文科学、社会科学、自然科学、技术科学及管理科学在内的综合性研究型大学。2000年，复旦大学与上海医科大学合并，组建新的复旦大学。

■ 办学理念

复旦大学秉持"博学而笃志，切问而近思"的校训，弘扬"团结、服务、牺牲"的精神，敦行爱国奉献、学术独立、海纳百川、追求卓越，倡导"文明、健康、团结、奋发"的校风和"刻苦、严谨、求实、创新"的学风，强调坚持理想、探究真理、正谊明道、守护文明，致力于培养德、智、体、美、劳全面发展的社会主义建设者和接班人，在实现中华民族伟大复兴的历史进程中建设中国特色世界顶尖大学，引领并服务于整个社会的进步和人类的文明进程。

■ 校园文化

复旦大学主校区坐落于上海，现有学生艺术团 6 个、文化艺术类社团 79 个，能够满足师生多样化的校园文体生活和活动需要。复旦大学定期开展校运会、院系杯、毕业杯等大型赛事活动，充分发挥学生会和学生体育社团的作用，开展各种体育活动。复旦大学现有社会调研、义务支教、医疗咨询、理论宣讲、专业参访、创新社会服务、挂职锻炼 7 种主要的社会实践类型，形成了人员上、时间上、地域上全覆盖的社会实践体系。

■ 学术成就

复旦大学在全国第五轮一级学科评估中建设成效显著提升。文、社、理、工、医五大学科门类均有较高国际声誉，位居世界前 100。复旦大学共有 20 个学科入选第二轮"双一流"建设学科，率先启动建设全国首个"交叉学科"门类一级学科集成电路科学与工程。13 个学科入选上海市高峰学科建设。复旦大学致力于以最佳状态持续稳定奉献文明进步，积极落实 17 项联合国可持续发展目标，可持续发展综合影响力位

居世界高校前列，并在 SDG7（经济适用的清洁能源）和 SDG8（体面工作和经济增长）等领域获得全球公认的突出性成就。在教育部一流本科专业建设"双万计划"中，复旦大学共有 61 个专业获批国家级一流本科专业建设点。复旦大学拥有一流的科研平台和设施，包括多个国家重点实验室和研究中心，在多个领域承担了国家重点研发计划项目、国家自然科学基金项目和国家社会科学基金项目，科研成果丰硕。

■ 未来展望

今天的复旦大学已经成为一所学科门类齐全、师资力量雄厚的综合性研究型大学。学校将继续秉持立德树人根本宗旨，围绕建设世界一流创新型大学推进教育科技人才体制机制一体改革，致力于成为世界一流的育人、学术和文化卓越中心。

复旦大学不仅仅是一所大学，更是一段历史的见证，一种精神的传承。在复旦大学，我们不仅能感受到学术的严谨，更能体会到一种追求真理、探索未知的精神。

哈尔滨工业大学

Harbin Institute of Technology

哈尔滨工业大学
HARBIN INSTITUTE OF TECHNOLOGY

校徽

哈尔滨工业大学（简称"哈工大"）的校徽由"展开的书、英文字母、数字、美丽的建筑和环绕的齿轮"组成。书上的英文字母"HIT"是哈尔滨工业大学英文全称"Harbin Institute of Technology"的缩写，数字1920是哈尔滨工业大学的建校时间，美丽的建筑是学校主楼图案，环形且呈放射形状的齿轮象征知识和科技的力量。

校训

"规格严格，功夫到家"，这8个字是20世纪50年代由时任校长李昌等同志归纳概括而成的，体现了过程管理与目标管理相结合的思想。

学校简介

■ 历史沿革

　　哈尔滨工业大学的前身是 1920 年成立的哈尔滨中俄工业学校。当时学校设有铁路建设和电气机械工程两个科，首届 3 个班，共招收 103 名学生，学制 4 年，采用俄语教学。1928 年，学校更名为哈尔滨工业大学校。1938 年，学校改名为哈尔滨工业大学。1951 年，哈尔滨工业大学被确定为全国学习国外高等教育办学模式的两所样板大学之一，肩负起培养重工业部门工程师的责任。这一时期，哈尔滨工业大学的教师们承担了全部教学、科研任务，被誉为哈尔滨工业大学"八百壮士"。从教学到科研，他们白手起家、扎根东北、爱国奉献、艰苦创业，为新中国的工业化建设解了"燃眉之急"。1954 年，哈尔滨工业大学进入国家首批重点建设的 6 所高校行列，成为全国首批重点大学的唯一一所京外高校，被誉为"工程师的摇篮"。1987 年，哈尔滨工业大学成立航天学院，它是中国高校第一个航天学院，由此拉开了哈尔滨工业大学在航天科工领域辉煌征程的序幕。2000 年，哈尔滨工业大学与同根同源的哈尔滨建筑大学合并组建新的哈尔滨工业大学。

■办学理念

哈尔滨工业大学确定了精英教育的办学指导思想和目标定位，通过构建通识教育与专业教育相结合的人才培养模式，面向国家与社会需求，培养"研究型、个性化、精英式"具有国际竞争力的高素质人才，形成了"厚基础、强实践、严过程、求创新"的人才培养特色和"立足航天、服务国防、长于工程"的优势特色。

■校园文化

哈尔滨工业大学主校区坐落于哈尔滨，校园建筑充满工业美学，硬朗大气，体现了工业设计的独特魅力。校园内航天特色浓郁，航天馆、博物馆等文化地标展示了学校的航天成就。此外，学校注重传统文化的传承与创新，通过举办校园传统文化大会等活动，鼓励学生深入体验和传承中华优秀传统文化。校园环境优美，有丁香花海、樱花长廊等自然景观，还有"神舟揽月""卧震苍穹"等航天主题微景观，将生态与文化有机结合。哈尔滨工业大学不仅注重学术研究，还通过丰富的校园活动和实践平台，培养学生的创新精神和实践能力。

■学术成就

哈尔滨工业大学被誉为"工科大学之母"，还是"国防七子"之首、"建筑老八校"之一、首批建设未来技术学院和国家卓越工程师学院的高校之一。哈尔滨工业大学秉持"强精优特"学科建设理念，坚持扬工强理重交叉，形成了由优势特色学科、基础学科、新兴交叉学科、支撑学科组成的较为完善的学科体系，其力学、机械工程、材料科学与工程、控制科学与工程、计算机科学与技术、土木工程、航空宇航科学与技术、环境科学与工程等专业成功进入"世界一流学科"建设名单。一个个具有里程碑意义

的突破性成果在这里诞生：哈尔滨工业大学发射了中国第一颗由高校牵头自主研制的小卫星，在中国首次实现了星地激光链路通信，诞生了中国第一台会下棋能说话的计算机、第一部新体制雷达、第一台弧焊机器人和点焊机器人、第一颗由高校学子自主设计研制管控的纳卫星……哈尔滨工业大学参与的国家重大工程项目，在现代化建设中留下了浓墨重彩的一笔。

■ 未来展望

今天的哈尔滨工业大学，在学科建设、科研创新、人才培养等方面都堪称楷模，铸就了其在中国乃至世界工程教育领域的卓越地位。面向新征程，哈尔滨工业大学矢志打造更多国之重器、培养更多杰出人才，勇担中国航天第一校"尖兵"重任，奋力开创哈尔滨工业大学新时代新征程卓越发展新局面，努力为服务强国建设、民族复兴伟业作出新的更大贡献。

在中国高等教育的璀璨星河中，哈尔滨工业大学犹如一颗耀眼的星辰，以其卓越的工程实力和深厚的学术底蕴，照亮了中国乃至世界的科技发展之路，成为承载着国家期望与学子梦想的学术殿堂。

暨南大学

Jinan University

暨南大学
JINAN UNIVERSITY

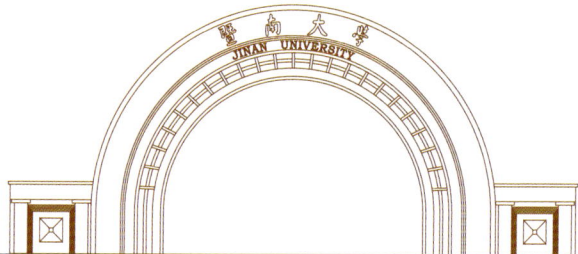

校徽

暨南大学（简称"暨大"）的校徽为圆形图案，外环上方是叶剑英题写的"暨南大学"校名，下方是暨南大学的大写英文校名。中间字母"JNU"构成一艘具有中国特点的帆船图形，寓传播中华文化至五洲四海之意。帆船下方的"1906"字样表示建校年份。

校训

"忠信笃敬"，出自《论语·卫灵公》："言忠信，行笃敬，虽蛮貊之邦，行矣。言不忠信，行不笃敬，虽州里行乎哉？"这4个字由校董张謇亲笔书写并悬挂于校中，不仅体现了中华优秀传统文化的精髓，也成为暨南大学办学理念的重要组成部分。

学校简介

■ 历史沿革

  暨南大学是中国第一所由政府创办的华侨学府，前身是 1906 年清政府创立于南京的暨南学堂，后迁至上海，1927 年更名为国立暨南大学。

  很多人读过法国作家都德的短篇小说《最后一课》，却很少有人知道中国著名爱国作家、学者郑振铎先生的"最后一课"。1941 年 12 月 8 日，太平洋战争爆发，日军占领上海租界。在此危急时刻，暨南大学师生们展现了崇高的民族气节。暨南大学的老校长何炳松颤声宣布："照常上课，只要看到一个日本兵，或是一面日本旗经过校门，就立即停课。"暨南大学教授兼文学院院长郑振铎拿起讲义夹，快步走进教室，他热泪盈眶地说："我想，大家都知道了，今天是我给你们上的中国文学史的最后一课。要永远记住，我们是中国人！"讲课开始了，一分一秒都显得格外沉静。远处忽地传来了沉重的车轮碾地声，几辆卡车已进了校门。"现在下课！"郑先生挺直了身体，做了立正的姿势。师生们的心中都燃烧起爱国的火焰，一个个攥紧了拳头。

  1958 年，暨南大学在广州重建。2019 年 8 月，中央统战部、教育部、广东省人民政府决定共同建设暨南大学。暨南大学在中国高等教育史上有着重要的地位：第一所由国家创办的华侨高等学府、校名一直沿用的百年名校之一、全国首批试行学分制的高校、最早在综合性大学里开办医学院的大学、最早设立华侨华人问题研究机构的大学、最早创设商科的大学……

■办学理念

暨南大学恪守"忠信笃敬"之校训，坚持"面向海外、面向港澳台"的办学方针，大力实施"侨校＋名校"的发展战略，弘扬"忠信笃敬、知行合一、自强不息、和而不同"的暨南精神，坚持"质量是生命、创新是灵魂"的办学理念，注重以中华优秀传统文化培养人才。

■校园文化

作为中国历史最悠久的大学之一，暨南大学形成了独特的多元文化氛围。学校每年举办"国际文化聚暨南"活动等，让师生在校园内就能体验世界各地的文化风情。学生社团活动丰富多彩，涵盖学术、艺术、体育等多个领域。在体育竞技方面，暨南健儿成绩斐然，"亚洲飞人"苏炳添、奥运跳水冠军陈艾森和谢思埸等优秀运动员都曾在国际赛场上为国争光。

■学术成就

"有海水的地方就有暨南人"。素有"华侨最高学府"之称的暨南大学是国家大学生文化素质教育基地、国家对外汉语教学基地、国务院侨办华文教育基地，以"中国特色、世界一流"为目标，推进学科"高原"上建"高峰"，学科种类齐全，涵盖文学、历史学、哲学、经济学、管理学、法学、理学、工学、医学、教育学、艺术学、交叉学科12个学科门类，文理工医兼备，综合性特色显著，交叉融合潜力大。近年来，学校承担人文社科、自然科学国家级科研项目数量均位于国内高校前列，获得"国家科学技术奖"5项，在国际顶级期刊《自然》《科学》《细胞》等发表论文12篇；文科获得省部级以上奖项近 190 项，在《中国社会科学》杂志发表论文 9 篇，在 SSCI、A&HCI 等国外权威索引期刊发表论文 1400 余篇。

■ **未来展望**

今天的暨南大学，已经成为中国华侨教育的旗帜和国际化办学的重要窗口。学校将继续弘扬"忠信笃敬、知行合一、自强不息、和而不同"的暨南精神，大力实施"侨校＋名校"的发展战略，为建设国内一流、世界知名的高水平大学而努力奋斗。

暨南大学的历史，不仅是一所大学的历史，更是中华文化传播与中外文化交流的缩影。暨南大学的辉煌与使命，将永远激励着一代又一代学子为梦想而奋斗，为中华文化的传播与世界文明的进步贡献力量。

交通大学

Chiao Tung University

西安交通大学 XI'AN JIAOTONG UNIVERSITY

西南交通大学 Southwest Jiaotong University

上海交通大学 SHANGHAI JIAO TONG UNIVERSITY

北京交通大学 BEIJING JIAOTONG UNIVERSITY

阳明交通大学

校徽

交通大学校徽最早出现于1911年，为"醒狮起搏大地"图案。1926年正式确立"铁砧、铁锤、书籍"设计，并得到官方认可。1930年，交通大学短暂启用"精勤、敦笃、果毅、忠恕"新校徽（校徽顶部篆书"交通大学"4个字被西安交通大学、上海交通大学沿用）。20世纪30年代，交通大学重新启用"铁砧、铁锤、书籍"设计并定型。从20世纪40年代起，交通大学数次在1926年版校徽的基础上对其进行美化，"铁砧、铁锤、书籍"图案沿用至今。

校训

1910年，交通大学颁布校训：勤、俭、敬、信，由校长唐文治亲自制定。1933年4月9日，在有关国立交通大学工业铁道展览会的新闻报道里，提到文治堂讲坛上悬挂的校训：精勤、敦笃、果毅、忠恕。与宣统时代的校训在表述上有了差别。1937年6月，《交通大学一览》上记载了新的校训：精勤求学，敦笃励志，果毅力行，忠恕任事。

学校简介

■ 历史沿革

交通大学为中国综合性研究型大学系统名称，起源于 1896 年创办的南洋公学、山海关北洋铁路官学堂和 1909 年创办的铁路管理传习所。1896 年，中国近代著名实业家、教育家盛宣怀在上海创办了南洋公学，清朝直隶总督兼北洋大臣王文韶奏设了山海关北洋铁路官学堂，这两脉即为交通大学最早源头。交通大学在历经多年历史变迁后衍生出五所，统称"中国交大五校"，分别是上海交通大学（1999 年、2005 年先后合并上海农学院、上海第二医科大学）、西安交通大学（2000 年合并西安医科大学、陕西财经学院）、西南交通大学（曾用唐山交通大学等名）、北京交通大学（曾用北京铁道学院等名，2000 年合并北京电力高等专科学校）和台湾阳明交通大学（2021 年由台湾交通大学与阳明大学合并，位于新竹和台北）。这五所交通大学分布五地，各有千秋，为中国培育近百万工程、科学、管理、医学等方面的人才，成为中国乃至世界最有影响力的公立大学系统之一。

■ 办学理念

　　盛宣怀秉持"自强首在储才，储才必先兴学"的信念创办了南洋公学，建校伊始，学校即确立"求实学，务实业"的宗旨，以培养"第一等人才"为教育目标，长期形成的"求实务实"的好校风、好学风和"起点高、基础厚、要求严、重实践"的办学传统，对学生产生了深刻的、长远的影响。

■ 校园文化

　　上海交通大学主校区坐落于上海，西安交通大学主校区坐落于西安，西南交通大学主校区坐落于成都，北京交通大学主校区坐落于北京，阳明交通大学主校区坐落于新竹。从 1996 年共庆百年校庆以来，海峡两岸 5 所同根同源的交通大学拥有了两个共同标志性的纪念建筑——饮水思源碑和同行致远纪念石。2016 年，交通大学 120 周年校庆之际，交通大学美洲校友会全体校友为感恩母校培育之情，捐建"同行致远"纪念石一座，以示"五校一家 同行致远"。

■ 学术成就

　　100 多年来，交通大学创造了中国近现代发展史上的诸多"第一"：中国最早的内燃机、最早的电机、最早的中文打字机等；新中国第一艘万吨轮、第一艘核潜艇、第一艘气垫船、第一艘水翼艇、自主设计的第一代战斗机、第一枚运载火箭、第一颗人造卫星、第一例心脏二尖瓣分离术、第一例成功移植同种原位肝手术、第一例成功抢救大面积烧伤病人手术、第一个大学翻译出版机构、数量第一的地方文献等，都凝聚着交大师生的心血智慧。

■ **未来展望**

　　交通大学深厚的文化底蕴、悠久的办学传统、奋发图强的发展历程，特别是改革开放以来取得的巨大成就，为国内外所瞩目。面向未来，这5所英才辈出的百年学府正乘风扬帆，以传承文明、探求真理为使命，以振兴中华、造福人类为己任，向着中国特色、世界一流大学目标奋进！

　　百年学府，盛世华章；参天之木，必有其根。交通大学，作为一所承载着深厚历史底蕴与卓越学术成就的高等学府，自创立以来，历经风雨洗礼，却始终屹立不倒，愈发枝繁叶茂。

兰州大学

Lanzhou University

校徽

兰州大学（简称"兰大"）的校徽由两个同心圆构成，内圆中上方为兰州大学图书馆图样，内圆下方为"1909"字样，外圆中上方为"兰州大学"字样，下方为"LANZHOU UNIVERSITY"字样。

校训

"自强不息、独树一帜"，这8个字昭示了学校与时代同呼吸、与民族共命运所走过的百年风雨，指引莘莘学子要传承学校优良传统，弘扬兰州大学精神，自强自立，顽强拼搏，敢为人先。

学校简介

■ 历史沿革

兰州大学创建于1909年，始为甘肃法政学堂，是中国西北地区第一个具有现代意义的高等学校。1928年扩建为兰州中山大学，1946年更名为国立兰州大学。2002年和2004年，甘肃省草原生态研究所、兰州医学院先后并入和回归兰州大学。在那个"生态"概念尚未普及的年代，我国现代草业科学开拓者任继周院士便带领科研团队在黄土高原、青藏高原及沿海滩涂等典型生态区，对草地农业生态系统开展深入研究，不断积累科研成果，逐步构建起了草地农业生态学的理论体系。但"草地农业"的理论和观点在当时完全不为人所接受，包括很多知名学者也觉得此举完全是浪费人力、物力，做没有意义的事。1984年4月，"两弹一星"功臣钱学森给任继周写了一封信，想请任继周回答几个有关草原的问题，任继周很快给予了答复。同年6月，钱学森在《内蒙古日报》首次引用任继周的学术观点发表了《草原、草业和新技术革命》讲话稿。正是钱学森对草业的构想和肯定，让任继周深感喜悦和欣慰，并且有了更大的信心，促进了之后草业科学的快速发展。如今，兰州大学草学学科已入选世界一流学科建设名单。更让人骄傲的是，"坐拥"草业科学的仅有的2位中国工程院院士任继周和南志标都是"兰大人"。兰州大学拥有目前我国草业科学领域唯一的草种创新与草地农业生态系统全国重点实验室。

■办学理念

兰州大学秉承"自强不息，独树一帜"的校训精神，坚持"做西部文章，创一流大学"的办学理念，以"立足西部，面向全国，走向世界"为发展定位，致力于服务国家战略需求和地方经济社会发展。学校扎根西部大地，充分发挥在生态学、化学、草学等特色学科优势，积极探索在欠发达地区建设世界一流大学的新路径，为服务国家战略和区域经济社会发展作出了重要贡献。

■校园文化

兰州大学主校区坐落于兰州，校园文化丰富多彩，尤其鼓励学生积极参与各种社团活动、学术竞赛和文化交流活动，为学生提供了展示自我、锻炼能力的平台。在这里，你可以看到来自不同地域、不同民族的学生欢聚一堂，共同追求学术和人生的进步。此外，兰州大学还非常注重培养学生的社会责任感和公民意识。学校会定期组织各种志愿服务和公益活动，让学生在实践中感受社会的温暖和意识到自身肩负的责任。这种"自强不息、独树一帜"的校训精神深深烙印在每一个兰州大学学子的心中，成为他们前行的不竭动力。

■学术成就

兰州大学秉持"顶天立地"的科研观，按照"兴文、厚理、拓工、精农、强医"的学科发展思路，着力构建"结构优化、布局合理、优势明显、特色突出"的学科体系和新型学科生态，是我国首批具有学士、硕士、博士学位授予权，首批建立博士后科研流动站的高校。兰州大学作为国家布局在西部的重要科研基地，构建了完善的国家级科研平台体系，涵盖基础研究和应用研究多个领域。学校依托国家重点实验室、

国家工程技术研究中心等高水平科研平台，在干旱农业生态、青藏高原环境、西部生态保护等特色研究领域形成了显著优势。同时，在人文社科方面，学校在敦煌学、西北少数民族研究、区域经济发展等领域也取得了丰硕成果，为国家西部大开发战略和共同建设"一带一路"提供了坚实的学术支撑和智力支持。兰州大学还积极开展国际交流与合作，先后与世界52个国家和地区的312所高校及科研机构建立交流合作关系。

■ 未来展望

　　兰州大学，这所百年学府，始终与国家同呼吸、共命运，在时代浪潮中奋勇前行。面向未来，兰州大学坚持以习近平新时代中国特色社会主义思想为指导，以"建成中国特色、世界一流大学"为目标，发扬"自强不息、独树一帜"的校训精神，不忘初心、牢记使命、坚守奋斗，致力于在中国西部大地书写建设教育强国的时代答卷，为以中国式现代化全面推进强国建设、民族复兴伟业作出新的更大贡献。

　　从"一门九院士"到在西部高等教育中扮演核心角色，兰州大学以其深厚的学术积淀、卓越的科研实力和独特的地理位置，成为无数学子心中理想的选择和奋斗的起点。

南京大学

Nanjing University

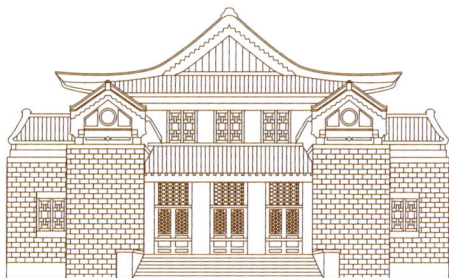

校徽

　　南京大学（简称"南大"）的校徽为燕盾形，外部轮廓类似于 U 字形 + "人"。其中，字母 U 是 University 的首写字母，最上方则是由"一"字变形而成的"人"字。校徽上方为一对辟邪，在辟邪中央，是由变形的"南京大学"4 个中文字组成的圆形。校徽正中为南京的市树——雪松，雪松下方是书本图案形象和建校时间"1902"。

校训

　　"诚朴雄伟，励学敦行"8个字既反映了学校的优良传统与特色，又体现了学校办学的理想追求和实现途径。前一句原是中央大学时期的校训，后一句是从中国古代前贤名句中选取而来的。"励学"二字在古文中常有出现，宋真宗就写过一首名为《励学篇》的诗。"敦行"见于《礼记·曲礼上》："博闻强识而让，敦善行而不怠，谓之君子。"

学校简介

■ 历史沿革

南京大学的前身三江师范学堂由清末两江总督张之洞创建于 1902 年，是中国近代最早设立的师范学校之一，此后历经两江师范学堂、南京高等师范学校、国立东南大学、国立第四中山大学、国立中央大学、国立南京大学等历史时期，于 1950 年更名为南京大学。其实，南京的许多高校都和晚清名臣张之洞有关，它们的前身都能追溯到三江师范学堂。可以说，是张之洞为南京播下了大学种子。1902 年，两江总督刘坤一首上《筹办学堂折》，力主兴学"应从师范学堂入手"。这一宅张立刻得到了继任两江总督的张之洞的支持。筹建三江学堂时，张之洞为聘请教师，专门致电江苏吴县人、进士、在湖北巡抚衙门任职的邓孝先，句句恳切："江苏要开办学堂，毫无头绪，已经约江苏绅士来南京商议，务请你惠顾光临。江南为天下人仰望，现在学务尤其重要，你千万勿要推脱。"

1952 年，在全国高校院系调整中，南京大学调整出工学、农学、师范等部分院系后与创办于 1888 年的金陵大学文、理学院等合并，仍名南京大学，校址从四牌楼迁至鼓楼金大原址。

■ 办学理念

　　南京大学围绕"办中国最好的本科教育"的奋斗目标，以立德树人为核心，坚持"价值塑造与能力提升融通、科学研究与教育教学融通、通识教育与专业教育融通、全面发展与个性发展融通"的人才培养理念，全面实施"熔炉工程"，奋力打造新时代"三元四维"人才培养体系，培养肩负时代使命、具备全球视野、推动科技创新、引领社会发展的未来各行各业拔尖领军人才和优秀创新创业人才。

■ 校园文化

　　南京大学主校区坐落于南京，"严谨、求实、勤奋、创新"是南大校园文化的重要标识和校风的高度凝练，这里不仅有严谨的学术氛围，还有丰富多彩的社团文化、艺术展览和学术讲座，让学生既可以在知识的海洋中遨游，也可以在文化的熏陶中成长。北大楼作为南京大学的标志性建筑，以其古典的风貌和深厚的历史底蕴，成为每位南大学子心中的精神象征，而"南园北园"的布局，更让南大校园充满了探索的乐趣和学习的宁静。

■ 学术成就

　　作为教育部直属的重点综合性大学，南京大学首批入选国家"211 工程"和"985工程"建设序列，首批入选国家"双一流"建设高校，首批入选国家级双创示范基地，始终处于中国大学的第一方阵，获得了公认的社会影响和学术声誉。南京大学作为国内顶尖高校之一，在学科建设方面取得了显著成就，学科布局不断完善，学科实力持续增强。学校在众多学科领域均有卓越表现，尤其在物理学、化学、地球科学、材料科学、工程学、临床医学、计算机科学等传统优势学科方面，始终处于国内领先地位，

并在国际上享有较高声誉。南京大学注重基础学科与应用学科的均衡发展，积极推动跨学科研究，为学生提供了广阔的学术平台和丰富的研究资源。此外，南京大学一直是开展国际交流与合作最活跃的中国高校之一，与世界上众多一流大学和高水平科研机构建立了紧密的合作关系，为学生创造了国际化的学习环境，被誉为"不出国的留学园地"。

■ 未来展望

当前，南京大学的办学事业已经踏上新的百廿征程。面向未来，南京大学将以提升服务发展能力、开放办学能力、执行落实能力为抓手，团结奋斗、争先进位、坐言起行、应势而动，力争在坚持立德树人、推动科技自立自强上再创佳绩，在坚定文化自信、讲好中国故事上争做表率，加快建设中国特色、南大特质、时代特点、世界一流的"第一个南大"，努力为全面实现中华民族伟大复兴和共同推进人类文明进步作出新的更大贡献。

在一个多世纪的办学历程中，南京大学及其前身与时代同呼吸、与民族共命运，谋国家之强盛、求科教之进步。这所集历史荣耀与现代辉煌于一身的学府，不仅提供了一流的教育资源，更营造了一个激发潜能、追求梦想的环境。

南开大学
Nankai University

校徽

南开大学（简称"南开"）的校徽核心图像为八角星形，八角星形由两个正方形叠加、结合而成，8个角皆为直角，分别指向东、西、南、北、东南、东北、西南、西北8个方向。八角星形中间是"南开"二字，"NANKAI UNIVERSITY"呈弧形排列。下部以"1919"具体说明南开大学的创建时间。

校训

"允公允能，日新月异"，前一句是校长张伯苓化用《诗经·鲁颂》中的"允文允武"；后一句出自《礼记·大学》："汤之盘铭曰：'苟日新，日日新，又日新。'"南开大学校训作为一种永久的精神力量、博大的精神力量、强烈的感召力量，启迪陶冶了一代又一代的南开学子。

学校简介

■ 历史沿革

南开大学发端于 1898 年威海卫"国帜三易"的奇耻大辱之后，奠基于 1904 年甲午战败 10 周年之际。1904 年，严修、张伯苓本着"痛矫时弊，育才救国"之目的，在家塾基础上开办"私立中学堂"，张伯苓任监督（校长）。不久，私立中学堂更名为"私立敬业中学堂"，后又改为"私立第一中学堂"。1907 年改称"南开中学堂"，1912 年改称"南开学校"。1952 年，学校成为文理并重的全国重点大学。

南开大学百余年的发展大致经历了 4 个时期。一是从 1919 年到 1948 年的创业奠基时期。这一时期是南开大学探索中国近代大学发展道路时期，学校的办学理念和优良传统在这一时期孕育成形。二是从 1949 年新中国成立后到 1978 年的曲折发展时期。新中国成立后，南开大学积极探索创办社会主义新型大学，并在曲折中不断发展，奠定了南开大学在新中国高等教育体系中的重要地位。三是从 1979 年到 2011 年的发展新时期。这一时期是南开大学建设中国特色社会主义大学的探索期、建成国际知名高水平大学的奋斗期、向世界一流大学迈进的蓄力期。经过不懈努力，南开大学的办学水平和综合实力显著提升，发展目标更加明确，办学特色日益凸显。四是 2012 年至今，南开大学进入了全新阶段。这一时期，南开大学坚持立德树人，注重质量特色，改善办学条件，调整学校布局，开启了创建南开品格、中国特色、世界一流大学的新征程。

■办学理念

南开大学坚持"允公允能，日新月异"的校训，弘扬"爱国、敬业、创新、乐群"的传统和"文以治国、理以强国、商以富国"的理念，以"知中国，服务中国"为宗旨，以杰出校友周恩来为楷模，作育英才，繁荣学术，强国兴邦，传承文明，努力建设世界一流大学。

■校园文化

南开大学主校区坐落于天津，周恩来总理纪念碑位于马蹄湖湖心岛，以纪念南开大学杰出校友周恩来，碑文由时任南开大学校长杨石先撰写。主楼、文中馆、海冰楼这3栋建筑是在中华人民共和国成立初期南开大学的重要教学设施，是南开大学在新中国快速发展的缩影和见证。南开大学始终注重校园活动的思想引领价值，坚持打造有意义、有底蕴的校园文化活动。其中，"校长杯"系列体育赛事已经成为繁荣南开大学师生体育文化，强健广大同学体魄，展示南开学子拼搏向上、团结一心精神风貌的重要舞台。

■学术成就

南开大学是国内学科门类齐全的综合性、研究型大学之一，在长期办学过程中，形成了文理并重、基础宽厚、突出应用与创新的办学特色。学校有专业学院28个，学科门类覆盖文、史、哲、经、管、法、理、工、农、医、教、艺等。学校入选国家哲学社会科学成果文库数量稳居全国高校前茅，一批优秀智库成为国家部委和地方政府的"智囊团""人才库"。学校与331所国际知名大学和学术机构建立了合作关系，在师生互访、联合培养、协同科研等方面开展高层次交流与合作，同时设立"南开—

牛津文中奖学金项目""南开—斯坦福文中奖学金项目"。学校先后授予陈省身等 11 余位国际知名人士名誉博士称号，多位诺贝尔奖获得者、国际政要等受聘南开大学名誉教授，一批海内外知名学者、著名政治家、企业家受聘南开大学客座教授、兼职教授。

■ 未来展望

如今，南开大学已发展成为拥有八里台校区、津南校区、泰达校区多个校区，覆盖文、理、工、管、法等多个学科领域的高等学府。面向未来，南开大学赓续创建南开品格、中国特色、世界一流大学，培养德、智、体、美、劳全面发展的社会主义建设者和接班人，为实现中华民族伟大复兴作出新一代南开师生的历史贡献。

南开大学的历史，是一部与国家民族命运紧密相连的奋斗史。南开大学筚路蓝缕，越难越开，培养了大批怀抱旷远的才俊英杰，成就了不同凡响的"南开现象"。

清华大学

Tsinghua University

校徽

清华大学（简称"清华"）的校徽起源于清华学校"兵操训练营"设计的军旗，是由3个同心圆构成的圆面，外环为中文校名（繁体）、英文校名（TSINGHUA UNIVERSITY）和建校时间，中环为校训字样，中心为五角星。

校训

"自强不息、厚德载物"，这8个字从1914年冬梁启超在清华学校同方部作的题为"君子"的演讲中而来。

学校简介

■ 历史沿革

　　清华大学的前身清华学堂始建于 1911 年，1912 年更名为清华学校。1928 年更名为国立清华大学。1931 年，著名教育家梅贻琦先生就任清华大学校长，创造了担任清华大学校长最长时间纪录。从 1931 年就职国立清华大学校长，到 1948 年 12 月离开清华园，再到 1950 年赴美管理清华的庚款基金，梅贻琦一生服务清华 47 年。在他之前，平均每位校长任期不到三年，长的三五年，短的一两年，甚至几个月。颇为令人称奇的是，任期最短的校长还没进校门就被学生拒之门外，该人名为乔万选。然而，自梅贻琦履职至 1948 年底离开清华园，整整 17 年，中间经历艰难万分的抗战，他有惊无险地领导清华师生在时代风潮中乘风破浪。终身尽瘁清华的梅贻琦，被海内外校友一致誉为清华的"终身校长"。在就任清华大学校长时，梅贻琦以沉稳平静的口吻，向同学们发表了一场拉家常式的演讲。也就是在这次演讲中，他提出了其核心教育思想——"大师论"："所谓大学者，非谓有大楼之谓也，有大师之谓也。"1999 年，中央工艺美术学院并入清华大学，成为清华大学美术学院。2012 年，中国人民银行研究生部并入清华大学，成为清华大学五道口金融学院。

■ 办学理念

清华大学秉承价值塑造、能力培养、知识传授"三位一体"的教育理念，推进教育教学改革进程。以价值塑造为引领，强调在能力培养和知识传授的过程中实现价值塑造，体现了育人过程中价值、能力和知识之间的有机融合，让清华大学培养的学生真正成为肩负使命、追求卓越的创新人才。

■ 校园文化

清华大学主校区坐落于北京，清华园内古老的建筑与现代的风貌交织，形成了独特而富有韵味的建筑群落，每一处都散发着深厚的学术气息，营造出一种既传统又时尚的校园氛围。这里还汇聚了来自世界各地的优秀学子，共同交流与成长。清华大学有良好的群众文化活动传统，"一二•九"歌咏活动已经连续举办20多年，"文缘艺粹"系列活动在清华大学校园文化建设中发挥着重要作用。院系学生节活动丰富多彩，学生社团发展更呈现出了五彩缤纷、百花齐放的繁荣局面，包括科技、人文社科、体育、艺术、公益五大类，多样活动成了学生的第二课堂。

■ 学术成就

清华大学共设 32 个学院、54 个系、12 个书院，已成为一所设有理学、工学、文学、艺术学、历史学、哲学、经济学、管理学、法学、教育学、医学和交叉学科 12 个学科门类的综合性、研究型、开放式大学。学校拥有多个国家级重点实验室和研究中心，承担着大量国家级科研项目。在 2024 年 QS 世界大学排名中，清华大学位列 25 位，展现了其卓越的学术成就和国际影响力。2024 年，清华大学作为第一作者单位发表《自然》《科学》正刊论文 25 篇，位列全国高校首位、全球大学第 6 位。作为中国科技创新的重要基地，清华大学在人工智能、可持续能源、生物医学、材料科学等多个前沿领域的研究取得了突破性进展。

■ 未来展望

如今的清华大学，已经成为世界级名校，蕴含着无穷魅力。面向未来，清华大学将秉持"自强不息、厚德载物"的校训和"行胜于言"的校风，坚持"中西融会、古今贯通、文理渗透"的办学风格和"又红又专、全面发展"的培养特色，弘扬"爱国奉献、追求卓越"传统和"人文日新"精神，坚持把立德树人作为根本任务，把服务国家作为最高追求，把学科建设作为发展根基，开拓中国特色、世界一流大学高质量发展新局面，奋力迈向世界一流大学前列，努力为国家发展、人民幸福、人类文明进步作出新的、更大的贡献。

> 清华，不仅是一所大学，更是一种精神、一种文化的象征。它是莘莘学子梦寐以求的学术圣地，更是中国近现代历史发展的重要见证者。它将继续以其独特的魅力，吸引无数青年才俊，为中国的发展贡献力量。

山东大学

Shandong University

校徽

　　山东大学（简称"山大"）的校徽整体为圆形，图案核心为群山和海面，与象形"山大"二字融合，图案上方是中文毛泽东手书"山东大学"，图案下方是山东大学英文名称"SHANDONG UNIVERSITY"。图案中心部分又像大海中的灯塔，寓意在知识的海洋中，山东大学像一座光芒四射的灯塔，指引莘莘学子学海泛舟，内环中的"1901"是山东大学的创建年份。

校训

　　山东大学的校训是"学无止境，气有浩然"。"学无止境"和"气有浩然"分别出自清朝学者方东树的《昭昧詹言》和《孟子·公孙丑》。"学无止境"强调对知识、技能和道德境界的终身追求，体现山东大学师生永不自满的学术精神。"气有浩然"倡导培养正直刚毅的品格，坚守"富贵不能淫，贫贱不能移，威武不能屈"的道德准则。

学校简介

■ 历史沿革

　　山东大学是我国具有悠久历史的著名综合大学，是教育部直属的重点高等学校之一。其前身是 1901 年（清光绪二十七年）在济南创办的官立山东大学堂。1901 年，山东巡抚袁世凯上奏《山东试办大学堂暂行章程折稿》，获光绪皇帝批准，山东大学堂正式成立。1904 年，学校迁入济南杆石桥新址，更名为山东高等学堂。1912 年，国民政府实行大学区制，山东大学堂停办，师生转入 6 个专门学校。1926 年，奉系军阀张宗昌督鲁，将 6 个专门学校合并，在济南建省立山东大学。1930 年，更名为国立青岛大学，后改称国立山东大学。1951 年，山东大学与华东大学合并，确立了综合性大学的格局。1958 年，山东大学迁校济南，部分系科留在青岛，后独立发展为中国海洋大学。2000 年，原山东大学、山东医科大学、山东工业大学合并组建新的山东大学，形成了"一校三地八校区"的办学格局。2017 年，山东大学入选国家"双一流"A 类建设高校。2023 年，学校新增深圳研究院，深化粤港澳大湾区的产学研合作。

　　山东大学历经多次变革与发展，始终秉承"为天下储人才，为国家图富强"的办学宗旨，培养了大批优秀人才，为国家和区域经济社会发展作出了重要贡献。

■办学理念

　　山东大学以"为天下储人才，为国家图富强"为办学宗旨，以"学无止境，气有浩然"为校训，弘扬"崇实求新"的校风，践行"为国育贤"的理念，追求卓越，只争朝夕，积极探索"中国特色、世界一流、山大风格"的发展道路，努力为实现中华民族伟大复兴和人类文明进步作出应有贡献。

■校园文化

　　山东大学主校区坐落于济南，多年来，山东大学形成了以校史馆、博物馆、中华文化体验馆等为主的文化场馆育人矩阵。山东大学发挥"古文、古史、古哲、古籍"学术优势，大力推进国家重大文化建设，成立中国甲午战争博物馆·山东大学国家革命文物协同研究中心，打造立德树人的"第二课堂"。此外，山东大学还打造了"书记'青'听""校长有约"等青年文化品牌活动，搭建了"学生在线""青春山大""研究生之家"等精神家园，举办院级迎新/毕业晚会、乐队演出、话剧演出、十佳歌手比赛、"山大杯"辩论赛等大型活动。通过这些活动，山东大学将思想教育融入文化熏陶之中，引导学生自我教育、自我管理和自我服务，培养学子良好的学术道德和科学精神。

■学术成就

　　山东大学在科学领域有着卓越的贡献。年仅 28 岁的山东大学讲师潘承洞证明了哥德巴赫猜想研究中的"1+5"和"1+4"命题，他的成就为数学界带来了深远的影响。在社会科学领域，山东大学两任校长成仿吾、华岗曾多次翻译《共产党宣言》，为马克思主义思想的传播作出了巨大贡献。山东大学培养了一批科研人才，为国家和区域经济社会发展贡献了巨大的力量。近年来，山东大学形成了一校三地（济南、威海、

青岛）的办学格局，是中国学科门类最齐全的大学之一，7 个学科领域进入 ESI 全球前 0.1%，20 个学科领域进入 ESI 全球前 1%，金融数学、晶体材料、地下工程、生殖医学等若干学科方向达到世界一流水平，中国古典学术优势充分彰显，家国情怀、担当精神、崇实品格、创新素养的"山大基因"广受赞誉。

■ 未来展望

　　山东大学是一所历史悠久、学科齐全、实力雄厚、特色鲜明的教育部直属重点综合性大学，在国内外具有重要影响。面向未来，山东大学将在无止境的登攀中加快推进"以质图强"的系统性变革，加速实现"全面图强"的整体性跃升，奋力谱写以中国式现代化推进强国建设、民族复兴伟业的山大篇章。

　　"百廿山大，文史见长"。作为中国近代高等教育的先驱之一，山东大学犹如一颗璀璨的文化明珠，镶嵌在齐鲁大地上。从孔孟之乡的文化底蕴到黄海之滨的创新精神，山东大学在百年沧桑中谱写出兼容并蓄、文理辉映的壮丽诗篇。

四川大学

Sichuan University

校徽

四川大学（简称"川大"）的校徽是双圆套圆形徽标，以锦绣红为标准色。双圆之间上方是邓小平同志题写的校名"四川大学"，下方是学校英文名"SICHUAN UNIVERSITY"。内圆正中是"凤钟楼"图像标志，该图像标志下方是"1896"字样，代表学校的创建年份。

校训

校训"海纳百川，有容乃大"是四川大学发展历程、办学特色与人才培养、科学研究、社会服务、国际交流等学校整体价值追求的总体概括。这8个字不仅蕴含着多种精神之内涵，并且恰巧暗嵌"川大"二字。

学校简介

■ 历史沿革

四川大学是教育部直属全国重点大学,是国家布局在中国西部的重点建设的高水平研究型综合大学,是国家"双一流"建设高校(A类)。四川大学地处成都,有望江、华西和江安三个校区。学校正与眉山市合作共建四川大学眉山校区。

四川大学由原四川大学、原成都科技大学、原华西医科大学三所全国重点大学经过两次合并而成。原四川大学起始于1896年四川总督鹿传霖奉光绪特旨创办的四川中西学堂,是西南地区最早的近代高等学校。原成都科技大学是新中国院系调整时组建的第一批多科型工科院校;原华西医科大学源于1910年由西方基督教会组织在成都创办的华西协合大学,是西南地区最早的西式大学和国内最早培养研究生的大学之一。1994年,原四川大学和原成都科技大学合并为四川联合大学,1998年更名为四川大学。2000年,四川大学与原华西医科大学合并,组建了新的四川大学。

在办学历程中,四川大学历经多次变革与发展,始终肩负着集思想之大成、育国家之栋梁、开学术之先河、促科技之进步、引社会之方向的历史使命与社会责任。

■办学理念

　　四川大学在长期的办学历程中，形成了深厚的人文底蕴、扎实的办学基础和以校训"海纳百川，有容乃大"、校风"严谨、勤奋、求是、创新"为核心的川大精神，确立了"以人为本，崇尚学术，追求卓越"的现代大学办学理念，建立了"以院系为管理重心，以教师为办学主体，以学生为育人中心"的管理运行新机制，提出了"精英教育、质量为本、科教结合、学科交叉"的人才培养指导思想，确立了培养"具有崇高理想信念、深厚人文底蕴、扎实专业知识、强烈创新意识、宽广国际视野的国家栋梁和社会精英"的人才培养目标。

■校园文化

　　四川大学主校区坐落于成都，校园环境幽雅、花木繁茂、碧草如茵、景色宜人。学校承文翁之教，聚群贤英才，形成了深厚的人文底蕴和扎实的办学基础。学校以"开放、包容、厚重、大气"的文化特质，培养学生的"志存高远、追求卓越"的精神品质，擦亮"川大通识教育"名片，持续推行"探究式—小班化"等课程教学改革，扎实开展创新创业教育。

■学术成就

　　四川大学学科门类齐全，覆盖了哲学、经济学、法学、教育学、文学、历史学、理学、工学、农学、医学、管理学、艺术学、交叉学科13个学科门类，设有37个学科型学院（系）及海外教育学院。四川大学是国家知识创新和科技创新的重要基地。四川大学国家大学科技园是国家最早批准的15个国家大学科技园之一。四川大学科研实力雄厚，标志性成果不断涌现。学校现有国家重大科技基础设施1个、全国重点实验室6个、国家重点实验室 1 个、国家工程技术研究中心 2 个、国家应用数学中心 1 个、国家临床医学研究中心 2 个等。学校还与国内外众多知名高校和科研机构建立了广泛的合作关系，共建了多个国际高端科研合作平台。

■ 未来展望

当前，四川大学已经确立了建设中国特色、世界一流大学的宏伟目标。展望未来，学校将始终肩负集思想之大成、育国家之栋梁、开学术之先河、促科技之进步、引社会之方向的历史使命与社会责任，再谱中国现代大学继承与创造并进、光荣与梦想交织的辉煌篇章！

四川大学的故事，是一段关于梦想、奋斗与传承的传奇。在这里，每一块砖瓦都记录着历史的沧桑与辉煌，每一片树叶都承载着文化的底蕴与希望。这所历经百年风雨洗礼的高等学府，承载着无数学子的青春梦想与求知渴望。

天津大学
Tianjin University

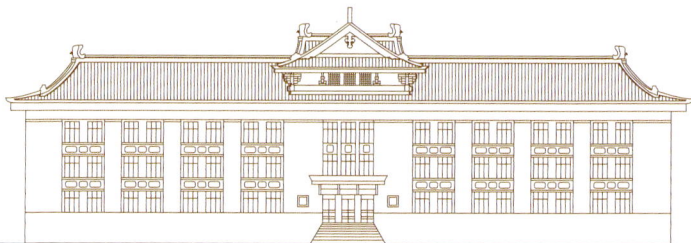

校徽

天津大学（简称"天大"）的校徽为圆形，中间为盾形主体，主体上部为篆书"北洋"，底部为数字"1895"。盾形外侧为"TIANJIN UNIVERSITY(PEIYANG UNIVERSITY)"和"天津大学"均匀排列。校徽边沿为51个齿状修饰。

校训

"实事求是"，出自《汉书·河间献王刘德传》："修古好学，实事求是。"这4个字是天津大学校训，更是天津大学治学育人的核心精神。该校训体现了学校从实际出发探索真理、把握规律的治学精神，是百年办学的基本遵循。

学校简介

■ 历史沿革

　　天津大学的前身为北洋大学，始建于 1895 年 10 月 2 日，是中国第一所现代大学，开中国近代高等教育之先河。甲午战争失败后，学校在"自强之道以作育人才为本，求才之道以设立学堂为先"的办学宗旨下，由清朝光绪皇帝御笔朱批，创建于天津，由盛宣怀任首任督办（校长）。盛宣怀不仅是中国近代轮、电、矿、路四大产业的创办者，也为中国近代高等教育的发展作出了杰出贡献。盛宣怀自 1892 年任津海关道，即着手研究兴办新式学堂。甲午战败后，"兴学强国"成为朝野共识，盛宣怀随之将《拟设天津中山学堂章程禀》修改后，于 1895 年 9 月 19 日禀请继任直隶总督北洋大臣王文韶。经光绪皇帝批准，1895 年 10 月，中国新型模式的大学——北洋大学堂在天津创办。盛宣怀严格选聘教师和严格挑选学生，以西方先进大学为标准设置课程，订立规章制度。在当时，只有像盛宣怀这样有丰富洋务经验的实践家，才能有了解西方的眼界和创办西式大学的魄力，也才能对于新式教育有如此高的认识水平。

　　1912 年 1 月，"北洋大学堂"定名为"北洋大学校"，1913 年定名为"国立北洋大学"，1928 年更名为"国立北平大学第二工学院"，1929 年更名为"国立北洋工学院"。1951 年，北洋大学与河北工学院合并，由国家定名为"天津大学"。

■ 办学理念

　　天津大学秉承"兴学强国"的使命、"实事求是"的校训、"严谨治学"的校风、"爱国奉献"的传统和"矢志创新"的追求，为国家经济社会发展作出了卓越贡献。学校坚持以学生发展为中心，着力培养具有家国情怀、全球视野、创新精神、实践能力，并能引领未来的卓越人才。

■ 校园文化

　　天津大学主校区坐落于天津，把"实事求是"做成了校园里到处可见的景观——校训石、求是亭、三问桥、求实会堂……以我国著名作家、画家和文化学者冯骥才先生名字命名的冯骥才文学艺术研究院、庋藏丰富和多彩多姿的博物馆、天津大学王学仲艺术研究所、天津大学工笔重彩研究所，展现着中华文化的绚丽与强大的创造力。天津大学深耕人文沃土、解码校园符号，积极探索以文化人的活动载体，于2012年起，每年春季举办"天大·海棠季"文化活动，持续传递着中国精神、时代价值和"天大品格"。

■ 学术成就

　　天津大学在学术领域取得了显著成就，展现了其作为高水平研究型大学的实力。学校在国家级教学成果奖方面表现突出，2022年作为第一完成单位获得本科教学成果奖特等奖1项、一等奖2项，获奖总数位列全国高校榜首。此外，天津大学在学科建设方面也取得了优异成绩，15个学科领域进入ESI前1%，其中5个学科领域进入ESI前0.1%，工程、化学2个学科领域进入ESI前0.01%。学校还获批建设国家重大科技

基础设施——大型地震工程模拟研究设施等国家级科研平台，并在合成生物学、储能技术等前沿领域取得了重要科研成果。

■ 未来展望

今天的天津大学，已成为一所师资力量雄厚、学科特色鲜明、教育质量和科研水平居于国内一流、在国际上有较大影响的高水平研究型大学。面向未来，天津大学将继续落实"立德树人"的根本任务，聚焦教育强国建设，全面深化综合改革，以数字化开辟发展新赛道、塑造发展新优势，坚持把"抓落实"作为开展工作的主要方式，加快推进中国特色、世界一流大学建设。

回顾天津大学的历史，堪称一部中国近代工业发展史的缩影。文明的长河奔腾向前，思想的波涛澎湃激荡，天津大学正让中华文明的国际影响力愈发壮阔宽广。

同济大学
Tongji University

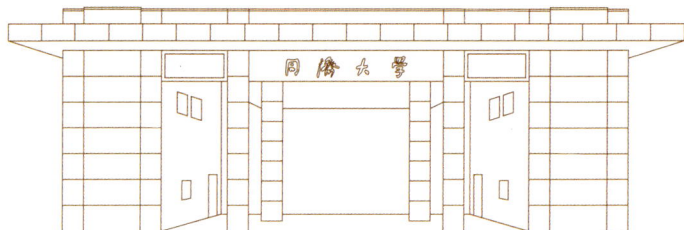

校徽

同济大学（简称"同济"）的校徽由本校建筑系学生徐建华于1981年设计，后经过艺术处理，于1997年正式确定为校徽。校徽图案为圆形3人划龙舟，象征"同舟共济"，龙舟造型由字母"TJ"变化而来。中文校名为中国书法学会原名誉会长舒同亲笔题写，居上彰显主体性；英文校名居下，体现国际性。在校徽中加入"1907"，表明建校年代；而前进的龙舟象征历史沿革的进程。

校训

"同舟共济"，这4个字凝聚了同济大学百余年来的精神内核，强调团结协作、道德统一与共克时艰的理念，也寓意着同济大学与祖国、与社会同呼吸、共命运，携手共进的美好愿景。

学校简介

■ **历史沿革**

　　同济大学是中国最早的国立大学之一，始于 1907 年德国医生埃里希·宝隆在中德两国政府和社会各界支持下创办的同济德文医学堂。1912 年，同济德文医学堂与创办不久的同济德文工学堂合称同济德文医工学堂。1917 年由华人接办，先后改称为同济医工学校和私立同济医工专门学校，1923 年定名为同济大学。1927 年 6 月，因经费紧缺，摆在同济大学面前的只有两条路：要么政府来接管同济大学的全部产业并委任新校长，将同济大学划归国有；要么同济大学校董会变卖校产以偿还债务，同济大学就此消失。其实早在 1919 年 4 月 28 日，同济大学校董会就向教育部提出"请改私立同济医工专门学校为国立"的要求。可是政局动荡，教育部根本没有心思处理此事。同济大学又一次面临生存危机，蔡元培先生站了出来，极力支持同济大学"国立"化。在蔡元培先生及社会各界的支持下，1927 年 8 月，国民政府正式命名同济大学为"国立同济大学"。2000 年，学校与上海铁道大学合并，组建成新的同济大学。

■ 办学理念

同心同德同舟楫，济人济事济天下！同济大学始终把培养拔尖创新人才作为崇高使命和责任，以本科教育为立校之本、以研究生教育为强校之路，以立德树人为根本任务，坚持全员、全过程、全方位育人，努力使每一位学生经过大学阶段的学习、熏陶以后，具有"通专基础、学术素养、创新思维、实践能力、全球视野、社会责任"综合特质，成为担当民族复兴大任、引领未来的社会栋梁与专业精英。

■ 校园文化

同济大学主校区坐落于上海，切实推进网络文化建设和文明校园建设，着力营造出文化底蕴深厚、同济特色鲜明、校区学科院系各美其美的文化氛围，打造同济特色文化品牌。博物馆、德文图书馆、档案馆、校史馆等文化场所不断升级扩容，同济荣誉堂、艺嘉楼剧场、文榷堂、中国画教师研修班中华优秀传统文化传承基地等公共文化空间、场馆纷纷建成。学校立足红色校史，通过创作校园精品剧目、编撰校史图书、举办校史专题展览等多种方式，传承弘扬同济文化。学校先后举办"梅韵玖传"校园京昆师生展演，打造全国首部学生版《长生殿》，提升了京剧、昆曲艺术在校园的影响力。

■ 学术成就

同济大学学科设置涵盖工学、理学、医学、管理学、经济学、哲学、文学、法学、教育学、艺术学、交叉学科 11 个门类，学校先后承担了一系列国家重大专项、重大工程科研攻关，取得了大跨度桥梁关键技术、结构抗震防灾技术、遥感空间信息、城市交通智能诱导、国产化智能温室、新能源汽车研发、城市污水处理、大洋钻探、心

房颤动分子遗传学、自主研制纳米级角度国家一级标准物质等标志性科研成果。学校长期注重发挥优势学科和基础研究的溢出效应，不断拓展社会服务的形式和领域，积极为国家和地方社会建设发展作出贡献。学校积极拓展国际合作，先后建立了 12 个国际化合作平台学院，与 200 多所海外高校签订合作协议，与众多跨国企业共建了研究中心，是亚太地区第一所被授予"全球可持续校园杰出奖"的高校。

■ 未来展望

越过近代大学的求索之旅，穿过抗日战争的烽火硝烟，走过世纪之交的奋进长路，踏上"世界一流"的光辉征程，同济大学已在中国高等教育史上留下太多故事。面向未来，同济大学将继续坚持"同济天下，崇尚科学，创新引领，追求卓越"，朝着"与祖国同行，以科教济世，建设成为中国特色、世界一流大学"的目标奋力前行！

在华东的繁华与古朴交织之地，诞生于风雨飘摇年代的同济大学，不仅承载着国家科技进步与人才培养的重任，更凭借独特的魅力和深厚的底蕴，成为无数学子心中的梦想殿堂。

武汉大学

校徽

武汉大学（简称"武大"）的校徽为正圆形，内圈正中为老图书馆线条造型；中间下书阿拉伯数字"1893"，为武汉大学前身自强学堂的创办时间；内外圈间，上方为武汉大学英文名称"WUHAN UNIVERSITY"，下方为中文汉字毛主席字体校名。

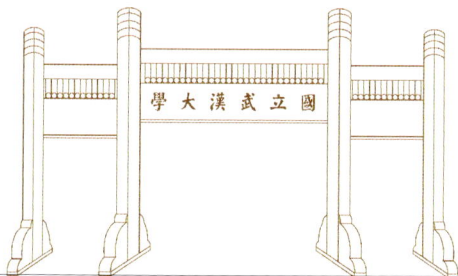

校训

"自强、弘毅、求是、拓新"，这8个字的整体含义是：继承和发扬中华民族自强不息的伟大精神，树立为国家的繁荣昌盛刻苦学习、积极奉献的伟大志向，以坚毅刚强的品格和科学严谨的治学态度，努力探求事物发展的客观规律，开创新局面，取得新成绩，办好社会主义的武汉大学，不断为国家作出新贡献。

学校简介

■ 历史沿革

武汉大学的前身是清末湖广总督张之洞于 1893 年创办的自强学堂。1893 年 11 月 29 日，张之洞向光绪皇帝呈上一份奏折《设立自强学堂片》，请求在武昌设立一所新式学堂——自强学堂。张之洞认为，"盖闻经国以自强为本"，而"自强之道，以教育人才为先"，因而将"自强"两个字作为学堂的名字。得到光绪皇帝的批准后，张之洞就在湖北武昌三佛阁大朝街口办起了自强学堂。从时间上来看，自强学堂的设立早于京师大学堂（1898 年），是中国近代最早由中国人自主创办和管理的新式高等专门学堂之一。

1902 年，为响应清朝朝廷倡导各地兴办新式学堂的新政，张之洞顺势而为，将自强学堂更名为方言学堂。这里的方言，指的是外语。辛亥革命后，北洋政府以方言学堂为基础，于 1913 年建立国立武昌高等师范学校。1923 年更名为国立武昌师范大学，1925 年又更名为国立武昌大学。1926 年，武汉国民政府将武昌大学与其他几所学校合并，组建国立武昌中山大学。1928 年，国民政府改组武昌中山大学，组建国立武汉大学。1952 年，武汉大学成为直属中华人民共和国教育部领导的重点文理综合大学。2000 年，武汉大学与武汉水利电力大学、武汉测绘科技大学、湖北医科大学合并组建新的武汉大学，揭开了学校改革发展的崭新一页。

■ 办学理念

武汉大学一直以"人才培养为本，本科教育是根"作为基本办学理念，切实推进本科人才培养内涵发展，致力于建设中国特色、世界一流大学。武汉大学以谋求人类福祉、推动社会进步、实现国家富强为己任，引领学术发展，不断改革创新，矢志追求卓越，着力培养志存高远、脚踏实地，具有强烈社会责任感和民族情怀、具有创新能力和国际竞争力的拔尖创新人才。

■ 校园文化

武汉大学主校区坐落于武汉，是国家 AAAAA 级旅游景区东湖风景区的组成部分，坐拥珞珈山，环绕东湖水，被誉为"中国最美丽的大学"。武大早期建筑是中国近代唯一完整规划和统筹设计并在较短时间内建成的大学校园建筑，是全国最大、最美的一组近代高校建筑群，堪称我国近代大学校园建筑的佳作和典范，26 栋早期建筑被列为"全国重点文物保护单位"。山水相依的生态环境与人文建筑相得益彰，形成了独具特色的校园景观。

■ 学术成就

珞珈山上风云际会。100 多年来，武汉大学汇集了中华民族近现代史上众多的精彩华章，形成了优良的革命传统，积淀了厚重的人文底蕴。武汉大学是教育部直属重点综合性大学，是国家"985 工程"和"211 工程"重点建设高校，是首批"双一流"建设高校，学科门类齐全、综合性强、特色明显，涵盖了哲学、经济学、法学、教育学、文学、历史学、理学、工学、农学、医学、管理学、艺术学、交叉学科 13 个学科门类。

2024 年，学校在泰晤士高等教育（THE）世界大学排名中位列第 134 位，软科世界大学学术排名（ARWU）中位列第 89 位，QS 世界大学排名中位列第 194 位。

■ 未来展望

如今，站在新的起点上，面对科技创新发展的新趋势，武汉大学将继续瞄准世界科技前沿领域和顶尖水平，在更高的起点上推进自主创新，产出更多重大原创性理论成果和颠覆性技术成果，让武汉大学的智慧闪耀在更广阔的舞台。

从"自强学堂"到世界一流大学，武汉大学的百年历程印证了"教育兴国"的真理。这里承载着百年的文化底蕴，散发着独特的魅力。每一砖一瓦，每一草一木，都诉说着岁月的故事。

厦门大学

Xiamen University

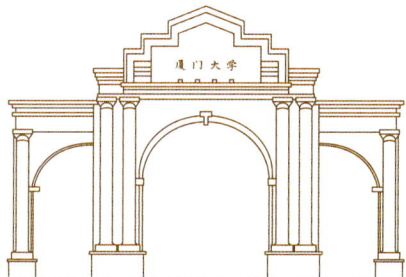

校徽

厦门大学（简称"厦大"）的校徽为圆形图案，圆环上方为繁体字"厦门大学"，下方为拉丁语"厦门大学"。盾形上有 3 颗五角星图案，中心是城及城门图案，绶带上的"止于至善" 4 个字为建校初期校训。

校训

"自强不息，止于至善"，前一句出自《周易•乾》的"天行健，君子以自强不息"，由创办人陈嘉庚先生指定；后一句出自《礼记•大学》的"大学之道，在明明德，在亲民，在止于至善"，由厦门大学私立时期的林文庆校长确立。

学校简介

■ 历史沿革

　　厦门大学由著名爱国华侨领袖陈嘉庚先生于 1921 年创办，是中国近代教育史上第一所华侨创办的大学，也是一所与中国共产党同龄的大学。陈嘉庚一生所创办与资助的学校多达 100 多所，然而论知识背景，陈嘉庚并没有家学渊源，仅有过 6 年私塾教育的经历，更没有上过大学。创办厦门大学后，陈嘉庚高薪聘请海内外名师，教授月薪可达 400 元。彼时的北京大学正面临着开不出工资的煎熬，一批教授纷纷南下，林语堂、鲁迅、顾颉刚、陈万里等一批知名学者相继来到厦门大学国学研究院，"大有北大南移之势"。一直以来，厦门大学师生都亲切地称陈嘉庚为"校主"，以各种方式感念他的家国情，嘉庚精神也始终指引着一代代厦门大学学子为家国奋斗。1928 年 3 月，厦门大学获政府大学院批准立案。然而，一条前人所未及的路注定坎坷。厦门大学开办以来，一切经费几乎全由陈嘉庚独立承担。1929—1933 年，陈嘉庚企业因世界经济危机被迫收盘，陈嘉庚无力维持厦门大学的经费，于是将厦门大学无条件地献给政府，并写信给当时的教育部部长王世杰，没要任何回报，而是反复强调办好厦门大学的重要性，并深深自责。1937 年 7 月 1 日，厦门大学改归国立。

■ 办学理念

厦门大学遵循"养成专门人才、研究高深学术、阐扬世界文化、促进人类进步"的办学宗旨，打造了"海峡、海丝、海洋"鲜明的办学特色，形成了"爱国、革命、自强、科学"的优良校风，秉承着"精英教育"理念，按照"厚基础、宽口径、多样化"原则，坚持以学生为本，为每个学生的全面发展营造灵活、多样、个性化的成长环境。

■ 校园文化

厦门大学主校区坐落于厦门，校内有校史馆、陈嘉庚与厦门大学纪念展馆、革命史展览馆、王亚南纪念馆、鲁迅纪念馆、人类博物馆、中国近现代文学馆等。厦门大学大力支持学生开展课外创新活动，是首批入选"国家大学生创新创业训练计划"的高校之一。厦门大学学生在"挑战杯"中国大学生创业计划竞赛、全国大学生数学建模竞赛、ACM国际大学生程序设计竞赛、国际遗传工程机器设计大赛及"吉赛普"国际法模拟法庭辩论赛等各类国内外重大赛事中屡获佳绩。

■ 学术成就

厦门大学拥有涵盖文、理、工、管、法、医、教、艺等多个学科的完整学科体系。其中，化学、海洋科学、生物学、生态学、统计学等学科在全国乃至全球范围内享有盛誉。近年来，厦门大学在纳米材料、海洋生态保护、生物医学工程、大数据分析等领域取得了多项突破性进展。"海丝一号"卫星的成功发射让厦门大学成为国内首个拥有近海与海岸带遥感卫星的高校；二维天然材料三氧化钼在隐身技术领域的突破性发现登上国际顶级期刊……这些科研成果不仅推动了相关产业的发展，也为国家科技进步作出了重要贡献。在国际化办学的征程上，厦门大学走出了一条独具特色的道路。

作为首个在境外建设分校的中国大学，厦门大学马来西亚分校的设立不仅开创了中国高等教育"走出去"的先河，更为"一带一路"倡议的实施提供了生动注解。

■ 未来展望

今天的厦门大学，已经成为一所学科门类齐全、师资力量雄厚、在国内一流、在国际上享有广泛影响力的综合性大学。面向未来，厦门大学将立足东南、面向世界，全面实施"升强行动"，一步一个脚印把服务中国式现代化的"大写意"，变成与时俱进建设世界一流大学的"工笔画"，奋力绘就"强国建设、厦大何为"的时代画卷。

在中国高等教育版图上，厦门大学如同一颗璀璨的明珠，镶嵌在东南沿海，以其独特的地理位置、深厚的文化底蕴和卓越的学术成就，吸引着无数求知若渴的学子。

云南大学

Yunnan University

校徽

云南大学（简称"云大"）的校徽为圆形，环形带书以"云南大学"的中英文字样和建校时间"1923"，中间为会泽院线描图案。会泽院线描图案中之梯级，长条为"十"，短条为"一"，以九长条为"九十"，五短条为"五"，点明"九五"之数的尊崇寓意。

校训

"自尊、致知、正义、力行"，为东陆大学（云南大学前身）建成之时，唐继尧所作。这8个字凝聚了云南大学的育人理念，强调从人格塑造、学术追求、价值导向到实践行动的全方位培养。

学校简介

■ 历史沿革

云南大学始建于 1922 年，1923 年正式开学，时为私立东陆大学，是原云南军阀唐继尧在被废除的云南贡院旧址上创办的云南第一所近代大学。1934 年，学校更名为省立云南大学。1938 年，学校改为国立云南大学，是我国西部边疆最早建立的综合性大学之一。1937 年，著名数学家、教育家熊庆来为了家乡的建设，放弃了清华大学优越的科研环境和舒适的生活条件，接受了龙云的聘请，来到相对落后的边疆大学任校长，由此奠定了学校较高的发展基础和深厚的学术底蕴，开创了云南大学办学历史上的第一个辉煌时期。

1942 年，著名数学家华罗庚被聘为云南大学数学系兼任教授，其实他从 1938 年8 月开始就在云南大学兼职代课了。华罗庚在云南大学的大部分时间是给数学系高年级的学生上课。而且，华罗庚还非常愿意培养年轻的数学家，他组织了代数讨论班，讲授他的堆叠数论，跟他一起工作的如王元、陈景润等，这些人后来都成了很有名的数学家。

2001 年，云南大学被列入西部大开发重点建设院校。2004 年，云南大学成为教育部和云南省人民政府重点共建高校。2012 年，云南大学成为国家"中西部高校基础能力建设工程"和"中西部高校综合实力提升工程"实施院校。2018 年，云南大学跻身中西部 14 所"以部为主、部省合建"高校行列。

■ 办学理念

云南大学秉承"会泽百家、至公天下"的办学精神，践行"自尊、致知、正义、力行"的校训，围绕国家战略和云南产业发展需要，立一流目标，建一流学科，聚一流师资，创一流学术，育一流人才，做一流贡献，着力推动学校内涵发展、特色发展和高质量发展，建设立足祖国西南边疆、面向南亚及东南亚的综合性、国际性、研究型世界一流大学。

■ 校园文化

云南大学主校区坐落于昆明，校本部曾是科举时代举行乡试的贡院，一砖一瓦都承载着深厚的历史底蕴，会泽院、至公堂、映秋院及熊庆来、李广田两位校长的故居，不仅承载着往事，更寄托着今人对文化的敬仰与期待。其中，会泽院始建于 1923 年，由时任云南省省长的唐继尧创办。其背面的至公堂则是云南大学"至公天下"精神的发源地。

■ 学术成就

云南大学形成了以民族学、生态学、统计学、生物与生物医药、特色资源开发与环境保护及边疆问题和区域国别研究为优势特色，学科较为齐全，人才密集的学科专业体系。云南大学为教育部首批深化创新创业教育改革示范高校，是中国教育科研计算机网络（CERNET）云南主节点单位。云南大学大力实施"学术兴校"战略，科学研究成绩显著，曾荣获国家自然科学奖一等奖、国家自然科学奖二等奖、全国创新争先奖、何梁何利基金科学与技术奖、教育部高等学校科学研究优秀成果奖（人文社会科学）、国家科学技术进步奖二等奖、惠特克杰出生态学家奖、国际青年古生物学家奖

"Hodson Award"等多项大奖。云南大学发挥区位优势,主动融入"一带一路"共建和云南面向南亚及东南亚辐射中心建设,牵头建设南亚及东南亚大学联盟,建设面向南亚及东南亚来华留学基地、高层次国际化人才培养创新实践基地和海外调研实习基地,打造以汉语教学中心、文化交流中心、教学点、HSK(汉语水平考试)考点、南亚及东南亚国际传播学院为合力支撑的文化传承创新"西南通道"。

■ 未来展望

云南大学不仅是中国西南地区重要的高等教育中心,也是研究少数民族文化和生物多样性的重要基地。面向未来,云南大学将全面提升学校办学水平和综合实力,加快建设扎根祖国西南边疆的中国特色、世界一流大学,为建设教育强国,为云南经济社会发展作出新的更大贡献。

坐落于"彩云之南"的云南大学是一所历史悠久、文化底蕴深厚的高等学府,它是云南高等教育界的一颗明珠,一直以来散发着迷人的光芒,吸引着众多学子纷至沓来,在此追求知识。

浙江大学

Zhejiang University

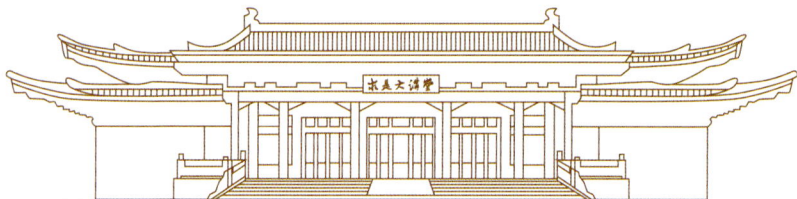

校徽

　　浙江大学（简称"浙大"）的校徽由内外双环构成，内环中央是一只展翅的求是鹰，下方为建校年份"1897"，外环下方为英文校名"ZHEJIANG UNIVERSITY"，上方为中文校名。校徽以深蓝色为主色调，象征着理性、深邃与包容。

校训

　　"求是创新"，其渊源可以追溯至浙江大学的前身求是书院。求是书院自创建之日起，就提倡"务求实学，存是去非"，并在师生中逐渐形成了"正其谊、不谋其利，明其道、不计其功""以尽一己职责"的"求是"校风，这种校风一直延续到现今的浙江大学。

学校简介

■ 历史沿革

　　浙江大学的前身求是书院创建于 1897 年，是中国近代史上效法西方学制最早创办的几所新式高等学校之一，先后更名为浙江大学堂、浙江省立高等学堂。中国新闻事业的先驱邵飘萍，就是浙江省立高等学堂的学生。1906 年，邵飘萍考入浙江省立高等学堂。在校就读期间，他对秋瑾献身革命的精神钦佩不已，并与秋瑾建立了通讯联系。1915 年初，邵飘萍得知日本政府向袁世凯提出灭亡中国的"二十一条"秘密协定，当即驰报国内，一场声势浩大的讨袁爱国运动由此掀起。1918 年，邵飘萍创办《京报》，这份报纸聚焦外交、经济、政治和社会等领域，为当时北京最具影响力的进步日报之一。他挥毫书写了"铁肩辣手"4 个大字悬挂于编辑室内，以此勉励同仁坚持宣传爱国民主思想，坚决反对封建专制独裁，唤醒国民的民族觉悟，共同对抗祸国殃民的军阀势力。冯玉祥曾评价他："飘萍一支笔，抵过十万军啊！"

　　1927 年，国立第三中山大学在原校址成立，1928 年 4 月改名为浙江大学，1928 年 7 月冠以"国立"二字，称国立浙江大学。1952 年，浙江大学部分系科调整到省外兄弟院校，留在杭州的主体部分被分为多所单科性院校，后分别发展为原浙江大学、杭州大学、浙江农业大学和浙江医科大学。1998 年，同根同源的四校实现合并，组建为新的浙江大学。

■ 办学理念

　　浙江大学始终秉承以"求是创新"为校训的优良传统，逐步形成了"勤学、修德、明辨、笃实"的浙江大学师生共同价值观和"海纳江河、启真厚德、开物前民、树我邦国"的浙江大学精神。浙江大学的办学使命是以天下为己任、以真理为依归，致力于思想引领和知识创新，培育担当民族复兴大任的时代新人，为中国式现代化和人类文明进步作出卓越贡献。

■ 校园文化

　　浙江大学主校区坐落于杭州，紫金港校区作为新地标，以其现代化、网络化、园林化、生态化的设计理念，成为师生们学习与生活的理想场所。而玉泉、西溪、华家池、之江等校区也各具特色，环境幽雅，设施完备，为师生们提供良好的学习与生活环境。在浙江大学，你可以参加各种社团活动，结交来自五湖四海的朋友；你可以聆听大师们的讲座，拓宽自己的视野；你还可以参与各种志愿服务活动，用自己的力量为社会贡献一份力量。

■ 学术成就

　　浙江大学是一所特色鲜明、在海内外有较大影响的综合型、研究型、创新型大学，学科涵盖哲学、经济学、法学、教育学、文学、历史学、理学、工学、农学、医学、管理学、艺术学、交叉学科 13 个门类。浙江大学注重精研学术和科技创新，主动服务重大战略需求，加快打造国家战略科技力量，建设了一批开放性、国际化的高端学术平台，汇聚了各学科的学者大师和高水平研究团队，产出了以"国家科学技术进步奖"

特等奖为代表的一系列重大科技成果。哲学社会科学发展势头强劲，《中国历代绘画大系》《中华礼藏》、敦煌学等文化传承创新成果在海内外产生了广泛影响。

■ **未来展望**

浙江大学的发展愿景是建设世界一流的综合性、研究型、创新型大学，成为卓越人才培养和汇聚的战略基地、文化传承和交流的重要平台、国家战略科技力量和全球创新高地。

> 作为中国顶尖的综合性大学之一，浙江大学不仅承载着历史的厚重，还在现代化的浪潮中熠熠生辉，成为无数学子心中的学术圣地。

中国科学技术大学

University of Science and Technology of China

中国科学技术大学
University of Science and Technology of China

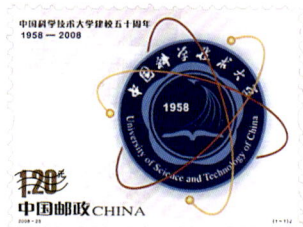

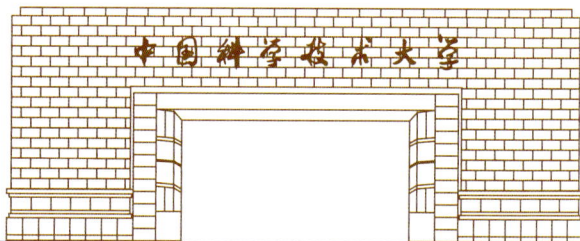

校徽

中国科学技术大学（简称"中国科大"）的校徽由"梅花型"轮廓、腾空飞跃的火箭、托起火箭的四根线条、打开的书本、学校创建时间、中英文校名全称等元素组成，体现了科技、理性、厚重、深邃、宽容的文化品格。

校训

"红专并进，理实交融"，前一句强调品行操守与业务技能的相得益彰，后一句强调理论与实践的紧密结合，为人、为师之要，治学、治教之道尽含其中，寓意深广。

金榜题名

以梦为马 不负韶华

138

学校简介

■ 历史沿革

中国科学技术大学于 1958 年 9 月在北京创建，是我党为"两弹一星"事业而创办的红色大学，中国科学技术大学的创办被称为"我国教育史和科学史上的一项重大事件"，建校第二年即被列为全国重点大学。

提到郭沫若，公众会想到他的文学作品和他对历史的研究，抑或是观点；提到中国科学技术大学，公众会想到尖端的科学技术，曾有钱学森、郭永怀、华罗庚……这样的科学大家执教。若不知道其中原委，很难将一代"文人"郭沫若与一所"理工"大学联系在一起，但实际上，二者渊源颇深，作为中国科学技术大学的首任校长，郭沫若是其主要缔造者之一。新中国成立初期，百废待兴，国步艰难，科技基础与科技人才难以满足"两弹一星"工程计划的要求，在这样的时代背景下，中国科学院部分科学家提出依托中国科学院力量创办一所新型大学。1958 年，该提议得到邓小平的批示，由此，中国科学技术大学的筹建工作即日开始。时任中国科学院院长的郭沫若全面主持学校的筹建工作。1958 年 9 月 20 日，在中国科学技术大学成立暨开学典礼上，郭沫若说："你们不仅在创建校园，而且在创建校风，将来还要创建学派。"正是在这种求实创新思想的指导下，中国科学技术大学成立不久便以"红专并进、理实交融"的崭新且独特的风貌跻身我国重点高校之列。1970 年年初，学校迁至安徽省合肥市。

■ 办学理念

中国科学技术大学实施"全院办校、所系结合"的办学方针，坚持"精品教育、英才教育"的办学理念，高起点、宽口径培养新兴、边缘、交叉学科的尖端科技人才，围绕"潜心立德树人、执着攻关创新"两大根本任务，大力推进"双一流"建设，努力办出中国特色、科大风格的世界一流大学。

■ 校园文化

中国科学技术大学主校区坐落于合肥，开设了形式多样的课外活动、组织开展了丰富多彩的社会实践、设立了多元化的国际交流项目，鼓励学生走出校园、走向世界，拓宽视野、增长见识。校园内绿树成荫、环境优美，各类学术讲座、文化沙龙、艺术展览等活动层出不穷，为学生们提供了丰富的精神食粮和多种文化滋养途径。学校建立了完善的心理咨询服务体系，为学生提供专业的心理咨询和辅导服务。此外，学校还积极开展各类志愿服务和社会公益活动，引导学生关注社会、关爱他人，培养他们的社会责任感和奉献精神。

■ 学术成就

中国科学技术大学共有 11 个学科入选世界一流学科建设名单，培养了大批德才兼备的优秀人才，取得了一系列举世瞩目的科研成果，为党和国家事业发展作出了重要贡献。学校拥有多个国家重点实验室、国家工程研究中心和省部级重点实验室，涵盖物理、化学、材料科学、生命科学、地球科学等多个领域。学校一贯坚持科学前沿探索，注重原始创新，近年来在量子信息、单分子科学、高温超导、纳米科学、地球环境、生命与健康等前沿领域取得了一批具有世界水平的科研成果。

■ **未来展望**

　　今天的中国科学技术大学汇聚了国内外顶尖的科研人才和先进的科研设施，从量子通信、量子计算到纳米科技、新能源材料等多个领域的研究取得了突破性进展，不断刷新世界科技版图的边界。面向未来，中国科学技术大学将继续秉承"科教报国、服务社会"的使命担当，聚焦国家重大战略需求和国际科技前沿，向着世界一流大学的目标迈进，为中国乃至全球的科技进步贡献中国智慧和中国力量。

　　　　在中国高等教育的璀璨星空中，中国科学技术大学以其卓越的科学研究成果、深厚的学术底蕴和具有前瞻性的教育理念，照亮了无数学子探索未知、追求真理的道路。

中山大学

Sun Yat-sen University

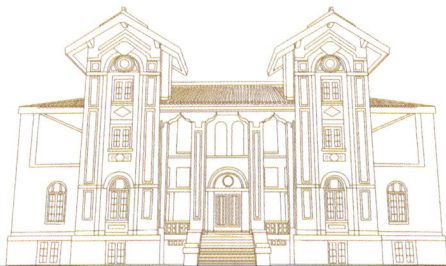

中山大学
SUN YAT-SEN UNIVERSITY

校徽

中山大学（简称"中大"）的校徽为圆形图案，校徽上部环绕中文校名，校徽下部环绕英文校名，校徽中间为海棠式洞窗图案，巧妙地融合了国立广东大学的标志性建筑"大钟楼"元素，构成"中山"二字。中间的弧形巧妙形成一朵红棉花，意寓中山大学位于岭南地区。由建校年份"1924"形成的一条纵深大道，则体现了中山大学深厚的学术积淀和辉煌的历史进程。

校训

"博学、审问、慎思、明辨、笃行"，出自儒家经书《礼记·中庸》第二十章："博学之，审问之，慎思之，明辨之，笃行之。"这10字训词是孙中山先生于1924年11月11日在国立广东大学举行成立典礼时亲笔题写的，是他继承传统的教育形式而赋予时代的、革命的新的教育方针和内容，可以说是近代思想创新的里程碑。

学校简介

■ 历史沿革

　　中山大学是孙中山先生于 1924 年亲手创办的，起初校名为国立广东大学，是中国共产党早期领导人共同参与创建的大学，是中国传播马克思主义的重要发源地之一，具有优良革命传统、爱国奋斗精神和卓越品格追求。孙中山视教育为神圣事业、人才为立国之本，还于 1924 年创办了陆军军官学校（后称"黄埔军校"）。创办国立广东大学期间，孙中山聘请李大钊、胡适等人作为筹备委员，任命邹鲁为国立广东大学校长，并亲自参与资金筹集事宜。1924 年 11 月 3 日，孙中山北上前夕，在黄埔军校对黄埔军校的学生和国立广东大学学生做告别演说，讲述北上目的，勉励大家为党和革命做牺牲，他以"武学生"称呼黄埔军校的学生，以"文学生"称呼国立广东大学的学生，对"一文一武"两个学校抱有很高的期待："把个人的自由、平等都贡献到革命党内来……大家能够不负我的希望，革命便可以指日成功。"

　　学校于 1926 年定名为国立中山大学，成为广东最高学府。1927 年更名为国立第一中山大学，1928 年改回国立中山大学，成为当时全国唯一纪念孙中山的大学。1935 年正式设立研究院，是我国最早设立研究生院的院校。1950 年，改名为中山大学。1952 年，原中山大学文理院系与岭南大学文理院系合并，组成新的中山大学。2001 年，原中山大学和中山医科大学合并组建新的中山大学。

■ 办学理念

中山大学以培养德、智、体、美、劳全面发展的社会主义建设者和接班人为目标，全面构建德育与智育、学科与专业、科研与教学、本科生培养与研究生培养、第二课堂与第一课堂相融合的"五个融合"一流人才培养体系，全面提升人才培养质量。坚持面向世界科技前沿、面向经济主战场、面向国家重大需求、面向人民生命健康，加强基础研究，持续推进大项目、大团队和大平台建设，产出大贡献，深化高等教育评价改革，为贯彻新发展理念、构建新发展格局、推动高质量发展提供强大的人才资源支持。牢牢把握建设海洋强国、共建"一带一路"、粤港澳大湾区建设和深圳建设中国特色社会主义先行示范区等重大国家战略机遇，以"国家首先想到、社会首先想到、学界首先想到"三个"首先想到"为衡量标准，全面提升办学质量和办学水平，实现2035年中山大学全面建成世界一流大学战略目标。

■ 校园文化

中山大学主校区坐落于广州，多渠道加强"三校区五校园"统筹发展的办学格局下的情感联结与文化认同，每年举办讲座论坛、各类学术研讨交流活动2000余场，内容涵盖文、理、医、工、农、艺等各个学科领域。学校体育竞技类学生社团共有38个（截至2021年12月），"康乐杯"全校性系列体育赛事和品牌赛事已扩大到18项，每年近2万人次参赛，篮球、排球、足球、校园马拉松、龙舟赛等已成为中山大学校园品牌赛事。

■ 学术成就

中山大学在加强文、理、医传统优势学科的基础上，努力强化工科发展，填补了农学、艺术学空白，学科门类更加齐全，形成了文、理、医、工、农、艺综合发展的学科格局，综合性办学优势和特色愈发凸显，学科实力居国内高校前列。中山大学现有国家级科研创新平台 42 个、省部级平台 268 个，学校着力推进理、工、医科重大科研平台建设。天琴中心、南方海洋科学与工程广东省实验室（珠海）、"中山大学"号海洋综合科考实习船、"中山大学极地"号破冰科考船、国家超级计算广州中心、临床免疫学前沿交叉中心、进化与合成生物学基础科学中心、中大谱仪绿色化学与分子工程院等重大平台建设取得突破性进展，支撑未来发展的创新体系正在形成。

■ 未来展望

在新的起点上，中山大学将继续传承红色基因，坚持为党育人、为国育才，聚焦国家重大战略和粤港澳大湾区发展需要，一体推进教育改革发展、科技创新和人才培养，加快建设中国特色、世界一流大学，为建设教育强国、推进中国式现代化作出新的更大贡献。

中山大学不仅是中国近代高等教育的重要发祥地之一，更是无数青年学子梦寐以求的知识殿堂。在这里，每一位学子都能找到属于自己的学术天地，与志同道合的师生共同探讨学术的奥秘，追求真理的光芒。

中央美术学院

Central Academy of Fine Arts

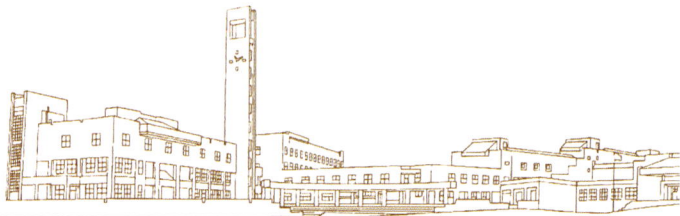

中央美术学院
Central Academy of Fine Arts

校徽

　　中央美术学院（简称"中央美院""央美"）的校徽由中英文"中央美术学院"构成，其中"美术学院"源于毛泽东主席亲笔为学校题字"国立美术学院"，"中央"两字集自毛泽东书法。

校训

　　"尽精微，致广大"，这6个字是徐悲鸿先生为指导素描教学和绘画造型，从《中庸》中选取的，体现了中央美术学院师生始终坚守的"修身、治学、研创、报国"的原则和情怀以及"注重使命、崇尚学术、尊重人才、兼容并蓄"的传统与精神。

学校简介

■ 历史沿革

　　中央美术学院的前身是国立北平艺术专科学校，可以追溯至 1918 年著名教育家蔡元培先生倡导成立的国立北京美术学校，著名美术教育家郑锦担任第一任校长。这是中国历史上第一所国立美术教育学府，也是中国现代美术教育的开端。1938 年 4 月，在延安创立的鲁迅艺术学院是中国共产党在抗战时期建立的第一所综合性艺术学院，是中央美术学院的前身之一。1946 年，徐悲鸿出任国立北平艺术专科学校校长，他把在法国学到的西方写实主义造型技法加以提炼，形成了一套完整而成熟的造型体系，并把它应用在学校的教学之中。徐悲鸿提倡的现实主义创作方法，强调与中国现实与社会需要相结合，在民主主义、爱国主义的基础上反映社会现实，实现"为人生而艺术"的目标，奠定了中央美术学院的核心办学思想。他的作品《愚公移山》《奚我后》《九方皋》等以现实主义的手法和英雄主义的宏伟气魄体现了那个时代呼唤英雄、要求变革的最强音。1949 年 11 月，华北大学三部美术系与国立北平艺术专科学校合并，成立了国立美术学院。1950 年，学校正式定名为中央美术学院。中央美术学院的师生们在新中国成立初期创作了一大批振奋人心的艺术杰作。其中人民英雄纪念碑浮雕创作，是中国现代雕塑史上一次最重要的活动，代表了 20 世纪 50 年代中国雕塑艺术的最高水平，也是中国革命历史题材创作的里程碑。

■ 办学理念

中央美术学院努力审视世界高等美术教育发展的新趋势，充分发挥自身优势，建构了多学科、大美术的办学格局，提出建设具有鲜明中国特色、世界一流美术学院的奋斗目标。中央美术学院始终秉持关注现实、服务人民的传统，密切结合国家建设和文化需要，为中国美术事业乃至文化事业的发展贡献自己的力量。

■ 校园文化

中央美术学院主校区坐落于北京，图书馆是目前国内最先进的美术专业图书馆之一，共有图书近 40 万册。美术馆藏有珍贵藏品，其中包括明清以来的卷轴画 2000 多件。美术馆还定期举办本院师生作品展，承办国内外学术水平较高的美术展览。中央美术学院从 2014 年起主办了一系列"百年辉煌·中央美术学院艺术名家"系列展览及学术研讨活动，如"油画中国风——董希文百年诞辰纪念展"、纪念徐悲鸿诞辰 120 周年大会、"创新先驱之路——罗工柳百年诞辰纪念展""桃李桦烛——李桦诞辰一百一十周年纪念展"等。举办艺术大师纪念性的展览能够更好地梳理老艺术家的文化瑰宝，激励一代代中央美术学院的师生更好地传承老艺术家们宝贵的精神财富。

■ 学术成就

中央美术学院是中华人民共和国教育部直属的唯一一所高等美术学校，成为中国高等美术教育领域具有代表性、引领性和示范性的美术院校，并在国际一流的美术院校中占据重要地位，对于中国当代艺术界的成就贡献举足轻重。中央美术学院积极参与国内外重大展览项目、学术课题研究及国际化的交流合作，培养了大批热爱祖国，以学养、才识、人格、创新为特色的适应国家社会发展需求的艺术人才，在建构中国特色的美术教育体系中发挥引领作用。

■ 未来展望

站在新的历史起点上，中央美术学院师生将以更高的境界、更宽的视野、更大的胸怀，创造教育教学的新成果，创作艺术作品的新经典，探索艺术研究的新领域，取得服务社会的新成就，攀登中国和世界高等美术教育的新高峰，为造就一大批德艺双馨名家大师、培育一大批高水平创作人才作出新贡献。

中央美术学院百年来的发展历程与国家、民族和人民的命运紧紧相连。她经历的辉煌与磨难，书写着中国近现代美术史和美术教育史的重要篇章，是中国现代美术事业和美术教育事业发展的一个重要缩影。

金榜题名

第三章

蟾宫青云志

金榜题名

金榜题名出自五代·王定保《唐摭言·卷三》："何扶，太和九年及第；明年，捷三篇，因以一绝寄旧同年曰：金榜题名墨尚新，今年依旧去年春。花间每被红妆问，何事重来只一人？"其本义是指科举时代考生考中进士，荣登殿试录取榜单之上，后泛指考试被录取。

古代有人生四大喜事之说，分别是久旱逢甘霖、他乡遇故知、洞房花烛夜和金榜题名时。关于『金榜』的由来，宋朝《太平广记·卷三百八十五·再生十一》中记述了这样一个传说：有一个叫崔绍的人在病中做了一个梦，梦中他看见有金、银、铁三种榜。将相名列金榜；将相以下，悉列银榜；州县官都在铁榜上。所以之后的人们就认为金榜代表着地位和成就，是功成名就的象征。

蟾宫折桂

蟾宫折桂出自《晋书·郤诜传》：『武帝于东堂会送，问诜曰：『卿自以为何如？』诜对曰：『臣举贤良对策，为天下第一，犹桂林之一枝，昆山之片玉。』』其字面意思是攀折月宫桂树的枝条，科举时代比喻应考得中，引申为获得很大的成就或很高的荣誉，参加考试取得较好的名次，还指体育比赛中运动员获得冠军。

在中国古代，蟾蜍很早就跟月亮联系在一起，汉朝的月神画像砖中，通常趴着一只蟾蜍。就连发明候风地动仪的张衡在著述中都说：『羿请无死药于西王母，姮娥窃之以奔月……姮娥遂托身于月，是为蟾蜍。』蟾蜍白天躲起来，晚上才出来活动，正好和月亮的运行规律相合。蟾蜍从幼年到成年的外貌变化巨大，和月相盈亏也有相似之处。因此，古人自然地把蟾蜍和月亮联系在一起，创造了『玉蟾』这一形象来代表月亮，月宫有时也被称为『蟾宫』。同样地，古人也把蟾蜍称为『月之精灵』。

攀蟾折桂

攀蟾折桂，或作折桂攀蟾，在元曲中被广泛使用，如关汉卿《拜月亭》（又名《王瑞兰闺怨拜月亭》）：「嫌这攀蟾折桂做官迟，为那笔尖上发禄晚。」马致远《荐福碑》（又名《半夜雷轰荐福碑》）：「到今日攀蟾折桂，步金阶才觅着上天梯。」其字面意思是攀登蟾宫，折取桂枝，比喻科举登第。

关于月中桂树的传奇故事，古人演绎出了无数个版本，尤其以唐宋两代为盛。唐朝段成式的《酉阳杂俎》中记载了吴刚伐桂的神话。传说月亮上有棵高达五百丈的桂树，吴刚因学仙术犯了过错，被罚至月宫砍桂树，每砍一斧，桂树的创口就会立即愈合，因此吴刚常年在月宫砍桂树而始终砍不倒桂树。月中桂树的果实每年四五月间飘落人间，世人将其称为『月中桂子』。文人学士每当中秋望月，吟诗作赋，都把月中桂树、桂子作为常用的典故。

杨穿三叶

杨穿三叶出自《战国策·西周策》：『楚有养由基者，善射。去柳叶者百步而射之，百发百中。左右皆曰善。』其原意指射技高超，后比喻兄弟三人相继科举及第。

杨穿三叶真正作为一个成语表达兄弟三人相继科举及第的意思，是在唐朝白居易写出《喜敏中及第偶示所怀》之后。诗曰：『自知群从为儒少，岂料词场中第频。桂折一枝先许我，杨穿三叶尽惊人。转于文墨须留意，贵向烟霄早致身。莫学尔兄年五十，蹉跎始得掌丝纶。』敏中，即白敏中，白居易堂弟，唐穆宗长庆初年（821年）进士登第。在此之前，白居易已于唐德宗贞元十六年（800年）进士登第，所以说『桂折一枝先许我』。如今，白敏中又进士登第，再加上白居易的弟弟白行简也于唐德宗贞元二十一年（805年）考中进士，所以是『杨穿三叶尽惊人』。

独占鳌头

独占鳌头，早在南宋诗人刘宰的《送恭叔兄赴省二首》中就有：

『晞骥长惭马不前，着鞭何意在君先。须惩牛后羞余子，独占鳌头下九天。上苑未须夸得意，道山共拟更登仙。虽然富贵浮云等，要使功名在简编。』这个成语真正『破圈』是在元杂剧《包待制陈州粜米》中：

『博览群书贯九经，凤凰池上显峥嵘。殿前曾献升平策，独占鳌头第一名。』在古代的皇宫中，宫殿门前的台阶上都刻有鳌鱼浮雕。科举考中状元者往往要站在这个刻有鳌鱼浮雕的台阶上，接受皇帝的钦点。因此，人们将中状元称为『独占鳌头』。后泛称在竞争中夺得首位。

该剧讲述了宋朝时期陈州发生的一场大旱灾。陈州连年遭受旱灾，颗粒无收，百姓生活困苦。这次灾难引起了朝廷的重视，朝廷决定派遣官员前往陈州开仓放粮，救济灾民。

名列前茅

名列前茅出自春秋·左丘明《左传·宣公十二年》：『蒍敖为宰，择楚国之令典，军行，右辕，左追蓐，前茅虑无，中权，后劲，百官象物而动，军政不戒而备，能用典矣。』其原意指古代楚国军队行军时，前哨如遇敌情，则举茅草发出警报，后来用『名列前茅』指名次排在前面，形容成绩优异。

『名列前茅』这个成语乍一看是说楚国军队训练有素，严整有序，实际上反映了楚国的德、刑、政、事、典、礼这六项不违背常规，这样的国家、军队是不可战胜的。

一鸣惊人

一鸣惊人出自《韩非子·喻老》：「三年不翅，将以长羽翼；不飞不鸣，将以观民则。虽无飞，飞必冲天；虽无鸣，鸣必惊人。子释之，不谷知之矣。」其字面意思是一叫就使人震惊，比喻平时没有突出的表现，一下子做出惊人的成绩。

《韩非子·喻老》中提到，楚庄王即位后，白天打猎，晚上喝酒、听乐，国家大事全不放在心上，荒废了三年。有个名叫伍举的大臣，实在看不过去，就对楚庄王说：「楚国山上，有一只大鸟，身披五彩，样子挺神气，可是一停三年，不飞也不叫，这是什么鸟？」楚庄王心里明白伍举说的是谁。他说：「这可不是普通的鸟。这种鸟，不飞则已，一飞将要冲天；不鸣则已，一鸣将要惊人。你去吧，我已经明白了。」

旗开得胜

旗开得胜在元曲中被广泛使用，如《阀阅舞射柳捶丸记》：『托赖主人洪福，旗开得胜，马到成功。』其字面意思是刚一打开旗帜进入战斗，就取得了胜利，比喻事情刚一开始，就取得了好成绩。

射柳是一种练习射箭技巧的游戏，是我国清明节的古老习俗之一。据明朝人的记载，射柳就是将鸽子放在葫芦里，然后将葫芦高挂于柳树上，弯弓射中葫芦，鸽子飞出，以鸽子飞的高度来判定胜负。捶丸是我国古代以球杖击球入穴的一种运动项目。前身可能是唐朝马球中的步打球。到了宋朝，步打球由原来的同场对抗性竞赛逐渐演变为依次击球的非对抗性比赛，球门改为球穴，名称也随之改为『捶丸』。

金榜题名

以梦为马
不负韶华

金榜题名

以梦为马
不负韶华